Laura Bruson

I bambini e la guerra

*Il ruolo dell'infanzia nei conflitti
a partire dall'analisi de "La Storia" di Elsa Morante*

Ad Alice e Sara. perché possiate avere radici e ali.

Indice generale

Introduzione...6
Capitolo primo
I bambini e la guerra...11
    1.1 - Bambini: vittime, attori e testimoni..................................11
    1.2 - La mancanza di beni primari..13
    1.3 - I bambini soldato...15
    1.4 - La pedagogia della guerra..16
    1.5 - I bombardamenti e gli sfollati...18
    1.6 - I figli della guerra..20
    1.7 - Lacerazioni emotive e mancanze affettive.........................24
    1.8 - La guerra è finita. abituarsi alla pace..............................29
    1.9 - Gli strumenti giuridici per la protezione del fanciullo.............31
Capitolo secondo
Elsa Morante e "La Storia"...41
    2.1 - Elsa Morante – cenni biografici......................................41
    2.2 – Genesi e fonti de "La Storia"..43
    2.3 - La struttura del romanzo...47
        2.3.1 - Lo spazio e il tempo..51
    2.4 – Le vicende autobiografiche di Elsa Morante e *"La Storia"*....54
        2.4.1 - Le origini ebraiche...55
        2.4.2 – La famiglia e la maternità......................................60
        2.4.3 - L'amore per l'infanzia...66
    2.5 - Mondo umano e mondo animale ne "La Storia"................69
    2.6 - Elsa Morante e la lettura di Simone Weil.........................71
Capitolo terzo
Useppe, "pischelletto e fanciullo divino"..76
    3.1 – 1941: Gravidanza e primi mesi......................................77
    3.2 – 1942/1944: prima infanzia di Useppe.............................88
    3.3 – 1945/1946: fine della guerra, inizio della fine per Useppe....101
    3.4 – 1947 – Epilogo...108
Capitolo quarto
Nino e gli altri giovani e adolescenti del romanzo...........................120
    4.1 – Nino...121
    4.2 - Carolina..132
    4.3 – Mariulina (la *"roscetta"*)..135
    4.4 – Giovannino, Gunther e Davide.....................................137

4.5 – Scimo'...142

4.6 – Patrizia...144

Capitolo quinto

Conclusioni...147

Bibliografia...156

Introduzione

«I libri non esistono in sé e per sé. Esistono solo nel momento in cui qualcuno li legge. Non esistono Madame Bovary o il Rouge et noir, esistono tanti Madame Bovary e tanti Rouge e noir quante sono le volte che li leggiamo»
Cesare Garboli, introduzione a *La Storia* di Elsa Morante, Einaudi, prima edizione 1974, ultima edizione 2014, Torino, pag VI.

La prima volta che ho letto *La Storia* di Elsa Morante avevo circa trent'anni e sono rimasta affascinata non solo dalla trama, ma anche dalla capacità della scrittrice romana di tradurre con un linguaggio semplice e accessibile a tutti temi e sentimenti complessi, quasi a utilizzare le parole che io stessa avrei scelto per descriverli.

Non solo: la straordinaria capacità di utilizzo del linguaggio popolare, a volte dialettale, sembrava donare al testo un'autenticità speciale, immersiva, capace di trasportare il lettore nelle strade e nei luoghi della narrazione, accanto ai vari personaggi che via via comparivano nella trama.

Anche l'attenzione al particolare e la ricchezza dei dettagli forniti sul contesto e la società dell'epoca sembravano donare alla storia una veridicità ed un realismo assoluti.

Il libro è rimasto poi sulla mia libreria per molti anni. Casualmente l'ho ripreso in mano nello stesso periodo in cui preparavo l'esame di Psicologia dello sviluppo nel corso della mia seconda esperienza universitaria, arrivata a vent'anni dalla prima.

Sorprendentemente mi è parso di rileggere un altro libro. O meglio: a mano a mano che la lettura scorreva veloce, con la stessa passione e trasporto della prima volta, mi sembrava di scoprire un'altra trama, complementare e sottesa alla prima, nella quale vedevo scorrere le tappe della crescita di un bambino alle prese con l'esperienza traumatizzante della guerra, riuscendo curiosamente a cogliere nel testo alcuni degli elementi proposti nel mio corso universitario e nelle letture relative.

Pagina dopo pagina avevo l'impressione che la Morante, accanto alla scelta di raccontare un periodo storico doloroso e fondamentale della storia italiana, con tutte le sfumature e le prese di posizione politiche e sociali del caso, stesse costruendo parallelamente una disamina molto attenta e realistica del percorso di sviluppo di un bambino nato e cresciuto in tempo di guerra, con tutte le conseguenze e le specificità che questo comportava.

L'elemento decisivo che mi ha fatto convincere della scelta di approndire queste ricerche e di condensarle in una tesi prima e in saggio poi, è stata la lettura di un libro per me fondamentale, *L'infanzia nelle guerre del Novecento*, scritto da Bruno Maida per Einaudi nel 2017. Attraverso un *excursus* dettagliato del periodo storico che va dalla Prima guerra mondiale alla fine del secolo scorso, Maida ha ricostruito un panorama complesso e interessante sul ruolo di bambini e adolescenti all'interno dei vari conflitti, le funzioni che (più o meno consapevolmente) essi hanno giocato e le letture che a posteriori è stato possibile fornirne.

Questa analisi trova a mio giudizio all'interno de *La Storia* molti richiami e immagini, tanto che sembra che la stessa Morante si sia servita del saggio di Maida quale traccia per il suo libro.

Gli approfondimenti sociali, pedagogici e psicologici offerti dal saggio di Maida hanno quindi completato il tassello di congiunzione tra il romanzo e gli studi specialistici legati all'infanzia e alla guerra.

Allo stesso modo anche il prezioso, seppur datato lavoro di A. Freud e D. Burlingham, *War and Children*, pubblicato per Medical War Books nel 1943, mi ha offerto alcuni riscontri scientifici fondamentali per riallacciare l'esperienza italiana a quella di altri contesti europei, dove le esperienze dei bambini (e delle loro madri) durante l'ultima guerra mondiale hanno fornito osservazioni preziose e materiale utile per diversi studi pubblicati in quegli anni e negli anni successivi.

A partire da queste letture ho quindi impostato questo mio lavoro.

Accanto a contributi psico-pedagogici e sociali, ho scelto di approfondire la ricerca con l'analisi del testo letterario e la biografia dell'autrice, provando a verificare anche se quanto scritto da Morante potesse avere riscontro in teorie e fatti scientificamente e storicamente rappresentativi.

È emerso così come, all'epoca in cui Elsa Morante scrisse *La Storia*, gli echi della Seconda guerra mondiale in Italia si erano già spenti, ma non l'impatto emotivo che la stessa aveva avuto sulla popolazione civile e sui contesti familiari e sociali, usciti provati dal conflitto e i cui equilibri erano stati pesantemente compromessi.

Con il mio contributo tenterò di far emergere quindi come, con il libro del 1974, la Morante sia riuscita, nonostante i circa trent'anni dalla fine del conflitto, a mettere comunque in luce (con una dovizia di particolari e una lucidità evidenti) la tragedia causata della guerra, sia a livello generale che personale, come dimostrato dai continui rimandi tra la guerra e le vicende dei protagonisti, con un occhio particolare a bambini e ragazzi.

Partendo da questa analisi mi sono poi chiesta se questi temi, storicamente inquadrati in uno spazio temporale e narrativo preciso (II guerra mondiale e anni seguenti), potessero trovare un riscontro in epoca contemporanea. I modi con cui le guerre colpiscono oggi bambini e ragazzi sono le stesse di ottant'anni fa? Cosa è cambiato da allora?

Il parallelismo appare inaspettatamente evidente: nelle guerre che hanno interessato il mondo tra il XX secolo e la prima parte del XXI, pur in ambiti e territori molto diversi per tipologia e contesto, alcune caratteristiche, alcune "mancanze" materiali, psicologiche ed educative risultano al confronto molto simili, se non identiche.

Gli aspetti evidenziati da Morante in relazione alla storia dei suoi personaggi sono altresì riscontrabili in alcuni documenti e ricerche ufficiali a partire dal 1950 in avanti. Nello specifico il rapporto ONU del 1996, citato nel capitolo II di questo lavoro, ha evidenziato alcuni aspetti che già comparivano dalle pagine de *La Storia* in relazione alle condizioni di bambini, adolescenti e adulti negli anni a cavallo dell'ultima guerra mondiale (indicativamente tra il 1940 e il 1947). Alimentazione non adeguata, povertà materiale, violenze e sfruttamento dei minori, mancanze affettive ed educative, ecc., continuano a rimanere ancora oggi, gravissime piaghe sociali che affliggono l'infanzia e l'adolescenza alle prese con le guerre.

E' stato inoltre fondamentale rilevare il legame sempre sottotraccia tra la vita di Elsa Morante e alcune delle tematiche colte ne *La Storia* (la doppia madre, l'assenza della figura del padre, il tema della maternità, solo per citarne alcuni), che si sono intrecciate così alla mia ricerca arricchendola, consentendomi di osare alcuni richiami che a mio parere ben si possono cogliere nelle esperienze del piccolo Useppe, di Nino e di Ida stessa.

Alla luce di quanto premesso, ho suddiviso I contenuti in tre parti:

1. una prima parte più introduttiva (capitolo II), nella quale ricostruire il contesto storico e sociale degli anni che hanno interessato l'Italia nel secondo conflitto mondiale, con alcuni collegamenti con il resto dell'Europa e del Mondo. Questa parte mi è servita per far emergere alcuni aspetti e problematiche che poi si ritroveranno nella trama de *La Storia* e che hanno influito sulla disamina dei capitoli successivi;

2. una seconda parte (capitolo III) di approfondimento, che mi ha consentito di recuperare brevemente i tratti salienti della biografia dell'autrice, ripercorrendo la sua infanzia, il suo ambiente familiare e le vicende personali, elementi a mio avviso utili per comprendere il senso di molte scelte tematiche e di approfondimenti anche di taglio psicologico e sociale presenti nel libro;

3. una terza parte, più centrale, dedicata all'analisi di Useppe prima e degli altri personaggi poi (capitoli IV e V), rappresenta il cuore del mio lavoro di ricerca. Principalmente attraverso la ricostruzione temporale della vita di Useppe ho condotto un'analisi specifica delle varie fasi di sviluppo del bambino, del suo rapporto con il materno e con il contesto ambientale nel quale si è trovato a crescere. Successivamente (capitolo V), ho tentato di ricostruire le vicende ed i tratti caratteriali di alcuni personaggi minori mettendoli in correlazione con la fase storica del conflitto, per evidenziare sempre come i fatti e le condizioni di vita di quell'epoca abbiamo condizionato profondamente lo sviluppo fisico e psicologico delle persone e soprattutto dell'infanzia di quegli anni.

Nell'ultimo capitolo infine ho provato a ricondurre il lavoro fatto ad alcune conclusioni specifiche, provando così a tirare le somme delle ricerche condotte.

Una nota particolare sul materiale che costituisce la base di ricerca e approfondimento di questo testo: la maggior parte dei contributi sono stati raccolti dall'immensa e ricca bibliografia letteraria contenuta in saggi, testi monografici, studi congressuali e contributi giornalistici dedicati all'autrice e alla sua produzione. Sicuramente l'opera di Elsa Morante è stata analizzata e sviscerata sotto molto aspetti: linguistico, letterario, sociale, psicologico e politico. Negli anni numerosi sono stati i contributi di chi l'ha conosciuta e frequentata direttamente, ma anche di chi ne ha studiato e analizzato le opere e la biografia a posteriori. Il materiale presente è immenso e attiene non solo al patrimonio italiano ma anche europeo e mondiale. Pertanto, l'approccio al suo lavoro è stato per me complesso e ha necessitato di un'attenta cernita di tutto il materiale disponibile.

La scelta si è ovviamente orientata verso uno studio più vicino agli aspetti psicologici e alle caratteristiche dei personaggi, che consentissero un'analisi precisa dei tratti caratteriali e delle azioni riconducibili più ad un taglio realistico che ad un impatto letterario. A mio parere si è trattato di un'operazione essenziale per non snaturare il lavoro ma allo stesso modo tentando di preservare la ricchezza dei contributi già esistenti: non limitando la ricerca ma specificandola.

Infine, un grande e rilevante contributo mi è stato offerto dalla sitografia dedicata a Morante, ma anche da alcuni contributi video delle teche Rai dedicate alla storia dell'epoca e alla stessa scrittrice.

Ulteriori spunti e riflessioni essenziali mi sono arrivati dalla consultazione di testi di psicologi e ricercatori, sia della metà del '900 che attuali.

Per concludere, pur riconoscendo un'evidente specificità e importanza ai testi specialistici sulla psicologia dello sviluppo e alla manualistica di riferimento, mi sento di poter dire che questo lavoro non sarebbe stato possibile senza una lettura accurata e paritaria di tutto il materiale da me raccolto, che mi ha dato altresì occasione di riunire sotto uno stesso obiettivo di ricerca gli elementi chiave della pedagogica e della psicologia dello sviluppo la mia grande passione per la letteratura.

Capitolo primo

I bambini e la guerra

Le guerre hanno sempre generato vittime, sia tra i soldati che tra i civili. Mai come durante le guerre della prima metà del '900 si è però assistito a conflitti di così vaste proporzioni in termini di vittime civili e numero di nazioni coinvolte.

Alla fine della Seconda guerra mondiale si calcolarono oltre 50 milioni di morti (30 nella sola Europa), oltre due terzi dei quali civili.

Tra la popolazione in Italia, è difficile quantificare quanti furono bambini, ma le vittime complessive ammontarono a 156.000 civili, su un totale complessivo di circa 457.000[1] persone.

1.1 - Bambini: vittime, attori e testimoni

L'impatto della guerra sulla popolazione infantile non riguardò unicamente le vittime che persero la vita a causa del conflitto. La Guerra ebbe conseguenze devastanti anche su coloro che giunsero vivi alla fine del conflitto armato, lasciando segni fisici e psicologici importanti, spesso invalidanti o fortemente condizionanti.

Come ben riportato da Bernini nel suo saggio *Enfants de la guerre. Victimes, menaces et promesses d'avenir*[2], i bambini giocarono un ruolo

---

[1] Fonte.: *Il numero di morti nella seconda guerra mondiale per nazione*, (https://statisticsanddata.org/it/data/il-numero-di-morti-nella-seconda-guerra-mondiale-per-nazione/).

[2] S.BERNINI, *Enfants de la guerre. Victimes, menaces et promesses d'avenir*, Revue des sciences sociales, Université de Stasbourg, n. 64/2020.

triplice all'interno della guerra:

- *«come vittime, divennero bersagli diretti della violenza a un livello senza precedenti.*
- *come spettatori, assistettero a quanto la guerra causava intorno a loro, alle loro famiglie, ai loro luoghi di vita.*
- *come attori della guerra stessa, furono direttamente coinvolti nelle lotte militari, in particolare nel contesto dei movimenti di Resistenza, acquisendo ruoli nuovi, spesso antitetici rispetto a quelli loro attribuiti normativamente, anche rendendoli agenti attivi della violenza.»*

Il grado di consapevolezza e di coinvolgimento nelle varie fasi della guerra dipese ovviamente molto dall'età dei bambini. Più in generale, se gli adulti furono implicati in maniera attiva e consapevole nelle vicende belliche (gli uomini combattendo e le donne provando a portare avanti le famiglie, crescendo i figli e prendendosi cura degli anziani rimasti), per bambini e adolescenti la consapevolezza di quanto stava avvenendo dipese dal grado di comprensione dei fatti a cui assistettero all'interno dei rispettivi paesi, di come le notizie che giungevano dal fronte di guerra furono in grado di penetrare la "quotidianità" in cui si cercava di vivere, nonostante tutto.

Ogni paese fu infatti coinvolto in misura ed in momenti diversi all'interno del conflitto mondiale, e la stessa popolazione civile fu variamente interessata dai fenomeni correlati alla guerra, quali bombardamenti, sfollamenti, combattimenti diretti.

In Italia in particolare vi furono, come riporta bene Gabrielli nel saggio *Se verrà la guerra chi ci salverà?*[3], almeno 3 periodi che si possono con chiarezza distinguere sulla base del grado di *consapevolezza* rispetto a quanto stava avvenendo:

1. Il tempo dell'inconsapevolezza (fino al giugno 1940);
2. Il tempo delle separazioni e delle privazioni (1940/1943), in cui l'immagine della potenza italica cominciò a vacillare;
3. Il tempo della presa di coscienza (1943/1945) – ovvero il tempo dello schieramento e dell'impegno verso una delle due fazioni in campo.

---

[3] P. GABRIELLI, *Se verrà la guerra chi ci salverà? Lo sguardo dei bambini sulla guerra totale*, Il Mulino Editore, Bologna, 2020.

Conseguentemente anche per i bambini, e in misura diversa come vedremo per gli adolescenti, vivere a contatto con la guerra significò vedere il proprio mondo cambiare sotto più aspetti, pur non cogliendone appieno le cause e le successive conseguenze, ma osservando sulla propria pelle come la vita "di prima" non esistesse più, a favore di una nuova vita caratterizzata da mancanze sì materiali, ma anche fisiche, affettive, emotive.

Mentre gli adulti furono in grado di comprendere e "attrezzarsi" come poterono al cambiamento, per bambini e ragazzi si trattò di subirlo, senza a volte avere gli strumenti cognitivi ed emotivi per affrontarlo, appoggiandosi quando possibile ai genitori e, più in generale, ai familiari che rimasero loro accanto.

Questo significò per contro vivere di riflesso le ansie e le angosce degli adulti vicini, i quali, pur tentando di mascherare come poterono quanto stava accadendo, non riuscirono sempre a fingere che tutto andasse bene, presi come erano nel tentare di preservare non solo la sopravvivenza fisica e materiale dei loro nuclei, ma anche nel far fronte a carenze importanti, a lutti e accadimenti drammatici che la guerra portava con sé.

Gli studi condotti in Inghilterra da Freud e Burlingham[4], relativamente ad asili temporanei attivati per proteggere i bambini sfollati provenienti da zone del paese colpite dai bombardamenti, riportarono che i bambini non solo subirono e svilupparono le paure che appartenevano alla loro età e al loro stadio di sviluppo, ma condivisero anche le reazioni di paura delle loro madri e, più in generale, del mondo adulto che li circondava.

Lo stesso Gabrielli[5], riprendendo Donald Winnicott, sostenne che le ragioni valide per gli adulti nel giustificare la guerra in realtà per i bambini rifletterono solo le perdite maggiori subite dall'allontanamento delle loro figure genitoriali.

1.2 - La mancanza di beni primari

Durante il secondo conflitto mondiale la guerra mostrò a tutti il suo nuovo volto di alienazione sistematica contro la popolazione civile.

L'Europa divenne uno scenario di guerra, anche tra i civili: intere

---

[4]   A. FREUD, D. BURLINGHAM, *War and Children*, Medical War Books, NYC, 1943.

[5]   P. GABRIELLI, *Se verrà la guerra chi ci salverà? Lo sguardo dei bambini sulla guerra totale*, Il Mulino Editore, Bologna, 2020.

città vennero distrutte o gravemente colpite, case ma anche ospedali, scuole, edifici pubblici, negozi, fabbriche e luoghi di lavoro vennero attaccati.

Utenze come energia elettrica, carburante e acqua furono interrotte o limitate.

Il cibo fu razionato; ci furono problemi di reperibilità delle merci, anche a causa dell'interruzione delle catene alimentari tra la campagna e le città. Chi viveva in campagna poteva sperare di vivere dei propri prodotti, diversamente da chi era in città, che subì più pesantemente la mancanza di beni e rifornimenti. Il cibo era disponibile spesso solo al mercato nero, ma i prezzi erano alti, sovrastimati rispetto alle reali possibilità dei civili. Gli acquisti erano soggetti sovente a trattative per accaparrarsi quanto necessario al minor costo possibile, La disponibilità e la qualità del cibo peggiorò sensibilmente con il progredire della guerra, fino a quando il fabbisogno giornaliero di calorie scese sensibilmente, arrivando anche fino a 900 calorie al giorno per un bambino al di sotto dei 7 anni, contro le circa 1600 consigliate.[6]

La tessera annonaria (una tessera personale che stabiliva il quantitativo massimo di prodotti a cui era possibile avere accesso in base ad alcuni criteri quali età e condizione sociale) fu introdotta dal regime fascista nel 1940 e rimase in vigore fino al 1949, diventando per le famiglie italiane un oggetto comune e il simbolo delle ristrettezze a cui anche i bambini vennero chiamati. Alimenti come carne, zucchero, olio, burro e farina, pasta e pane subirono una radicale diminuzione sulle tavole. Lunghe file di donne e bambini davanti ai negozi testimoniarono della fatica e della difficoltà nel reperire i beni primari.

Le madri, con i padri al fronte o deceduti, furono costrette ad ingegnarsi per trovare i soldi necessari per acquistare i prodotti per sfamare i propri figli e, quando il denaro venne a mancare, talvolta a rubare per portare a casa quanto necessario. La fame, il sostentamento, diventarono quindi il pensiero principale di chi rimaneva ed il ricordo più indelebile tra le testimonianze delle privazioni materiali in tempo di guerra.

Nelle città qualcuno si adoperò nel tentativo di coltivare piccoli orti urbani, anche con l'aiuto dei bambini, o di reperire alberi da frutto accessibili. Patate, carote e cipolle coltivate in autonomia non risolsero

---

⁶ L. SHIELDS & B. BRYAN, *The effect of war on children: The children of Europe after World War II*, International Council of Nurses, International Nursing Review. n. 49/2002.

però la carenza alimentare: si andò anche alla ricerca di qualche animale da cortile, carcasse di bovini o altri animali commestibili, in condizioni igienico sanitarie non sempre idonee.

Anche la penuria di combustibile da utilizzare nelle abitazioni si fece sentire: spesso la fornitura di gas per cucinare e per riscaldarsi, oppure l'acqua per lavarsi e l'elettricità vennero ridotte o interrotte completamente. Ripararsi dal freddo divenne impresa ardua, soprattutto in mancanza di vestiti e scarpe adeguati, anche per i bambini.

In questo clima di privazioni la salute venne fortemente compromessa: si andò dalla denutrizione alle infezioni, alle malattie vere e proprie.

Le pessime condizioni igieniche dei locali in cui la gente viveva e la scarsità di medicinali contribuirono a minare nel corpo le persone, soprattutto i soggetti più fragili, come donne e bambini.

La malnutrizione nei bambini divenne elemento comune in tutti i territori e accompagnò la crescita di milioni di bambini.

In Italia, anche se la propaganda politica fascista fece suo il concetto di salvaguardare la *salute della stirpe*, le relative azioni compiute a tal fine anche da organizzazioni specializzate (vd OMNI-Opera Nazionale Maternità e Infanzia) non furono sufficienti a garantire una presa in carico del problema. Sostiene sempre Gabrielli nel suo saggio[7] che, se dal 1930 al 1940 si assistette ad una contrazione del 40% della mortalità infantile, nel corso di tre anni il tasso salì fino al 115%.

1.3 - I bambini soldato

L'esperienza dei bambini coinvolti come attori -soldati nel conflitto mondiale toccò soprattutto paesi come l'Unione sovietica (dai 60.000 ai 300.000 bambini e adolescenti coinvolti, anche se molti non presero parte ai combattimenti ma aiutarono nel controllo del territorio o come supporto ai soldati), il Giappone (con il coinvolgimento di migliaia di giovani tra i 14/15 anni che vennero inviati direttamente sul campo) e la Germania (dove i bambini ricoprirono il ruolo di messaggeri per i vari corpi armati o si occuparono di liberare il campo dai cadaveri dei soldati uccisi). Solo verso la fine della guerra Hitler decise di schierare anche i bambini, nel tentativo disperato di fermare l'avanzata degli alleati.[8]

In quasi tutti i paesi coinvolti nel conflitto però l'educazione e la

---

[7]   P. GABRIELLI, *Se verrà la guerra chi ci salverà? Lo sguardo dei bambini sulla guerra totale*, Il Mulino Editore, Bologna, 2020.

formazione militare entrarono con forza nella vita quotidiana, attraverso programmi di indottrinamento e di addestramento specifico per migliaia di ragazzi. La pressione psicologica e i soprusi furono spesso considerati strumenti di affiliazione necessari al coinvolgimento delle giovani leve. Anche le ragazze, seppure con ruoli di supporto, vennero coinvolte e addestrate a fornire assistenza nelle retrovie e a costruire munizioni e quanto altro ritenuto necessario per gli eserciti.

Il reclutamento dei bambini e dei ragazzi passò da una sorta di adesione volontaria (a volte facilitata dall'assenso dei genitori), che vide soprattutto negli orfani e nei soggetti privi di reti familiari i destinatari prescelti per la carriera militare. L'esercito, l'appartenenza al corpo militare si proponevano infatti di garantire sopravvivenza e protezione, meglio di quanto potesse avvenire negli orfanotrofi o ai bordi delle strade.

In Italia l'infanzia partecipò alla Guerra sia come parte attiva del fascismo sia come arruolata nella Resistenza. Sia che combattessero realmente nelle fila dei soldati di entrambe le parti, sia che fungessero da distributori della stampa clandestina o da staffette partigiane, i giovani soprattutto non vollero rinunciare a prendere parte all'azione. A volte il percorso seguito dai ragazzi fu duplice: inizialmente arruolatisi a difesa della patria e del Duce, sedotti dal suo carisma e dalla sua apparente imbattibilità, si ritrovarono delusi dal corso della guerra e abbandonarono l'esercito per entrare a far parte della Resistenza.

Mentre i più piccoli restavano a casa, non potendo ancora combattere, le femmine aiutando le madri nelle faccende domestiche e recuperando alimenti e altro dove capitava e i maschi raccogliendo ferro e tessuti utili ai soldati.

1.4 - La pedagogia della guerra

Nel corso degli anni '20 e '30 si attivò una vera e propria *pedagogia della guerra*, che si poneva come obiettivo di mitizzare il sacrificio bellico e che scelse l'infanzia quale ambito privilegiato del processo di militarizzazione, oggetto di importanti investimenti culturali e di propaganda.

La scuola e le organizzazioni che si occupavano di tempo libero divennero agenti di controllo dell'infanzia stessa e allo stesso tempo promotori della sua mobilitazione.

---

[8] P. GABRIELLI, *Se verrà la guerra chi ci salverà? Lo sguardo dei bambini sulla guerra totale*, Il Mulino Editore, Bologna, 2020.

La guerra si insinuò in ogni pratica quotidiana, compresi libri e giochi, alcuni ideati per l'occasione.

Anche i programmi scolastici diventarono strumenti ufficiali della propaganda di regime.

Vennero coniati inni e canti che celebravano il mito del *Balilla* fascista. Il *Giornalino del balilla* divenne il più diffuso a livello nazionale tra i giornalini dell'epoca. L'esercito e la scuola dovevano infatti fornire l'attitudine e l'educazione al combattimento e al sacrificio per la Patria, per cui il cittadino -soldato doveva formarsi già dalla più tenera età. Il sacrificio in guerra – come insegnarono anche opere importanti come *Cuore* di E. De Amicis - rappresentava il culmine di questo progetto e un riferimento educativo fondamentale.

Per il "popolo bambino" vennero ideati specifici quaderni e fumetti rappresentanti l'iconografia della guerra: a scuola si decantarono le gesta dei soldati e si inneggiò alla patria combattente. L'adozione del testo unico di Stato nelle scuole elementari venne imposta a partire dall'anno scolastico 1930 – 31: i suoi contenuti ponevano al centro la militarizzazione della figura del Duce e la celebrazione dei fasti del fascismo. Anche il diario scolastico divenne tra il 1934 e il 1936 uno strumento della pedagogia fascista.

Così facendo, il cittadino-bambino diventava soldato e la scuola la sua caserma.

Libro e moschetto non fu solo un modo di dire ma divenne una pratica a cui furono soggetti i bambini a partire dagli otto anni, con cui venne superato il confine tra infanzia e partecipazione alla vita militare. Così anche la divisa rappresentò il segno di appartenenza al gruppo votato al culto della patria e del coraggio.

Il mito intorno alla figura del Duce accrebbe quella dimensione favolistica e fantastica che ebbe forte impatto sui bambini e sulla loro fedeltà alla nazione e al suo capo riconosciuto.

I valori propri del fascismo *credere, obbedire, combattere* divennero le parole chiave della mitologia fascista e del sacrificio che tutti, sin dall'infanzia, dovevano realizzare.

Questi valori e questo insistente richiamo al coraggio e all'appartenenza militare ebbero presa sui bambini ma soprattutto sugli adolescenti, che spesso scelsero di arruolarsi volontariamente, soprattutto nel periodo che seguì la conquista dell'Etiopia tra il 1935 e il 1936. Fu un cammino che la scuola veicolò, così come avvenne per i mezzi di comunicazione di massa, che contribuirono a innalzare lo spirito di partecipazione dei giovani e li spinsero a lasciare le proprie famiglie per votarsi al sacrificio.

Si trattò comunque di un processo lento, calcolato, che conquistò l'educazione e l'istruzione in maniera totalizzante. Anche la simbologia dei gesti, il saluto romano introdotto nel 1926 e l'obbligo dell'ordine ternario nel 1928 divennero abitudini quotidiane nella vita di migliaia di bambini e ragazzi.

1.5 - I bombardamenti e gli sfollati

I bombardamenti colpirono duramente molte città europee, comprese le città italiane. Per i bambini questo significò adattarsi improvvisamente a situazioni di pericolo diretto, ad associare il suono della sirena alla fuga. Nel giro di pochi minuti, spesso anche nel cuore della notte, i civili dovevano infatti abbandonare le proprie case, portando con sé il minimo indispensabile, per correre a ripararsi in rifugi di fortuna, cantine o altro, dove trascorrere diverse ore in spazi bui, sovraffollati, a contatto con persone a volte estranee.

Quando poi i bombardamenti colpirono direttamente le case, distruggendole, si assistette a processioni di famiglie sfollate (a volte unite a volte no), in cerca di nuova sistemazione.

La perdita della casa rappresentò per i bambini sfollati un trauma specifico, che fu ricordato spesso come un momento di rottura con la vita *di prima* e la *nuova* vita, segnata dalla guerra. Le famiglie dovettero adattarsi ad alloggi casuali, nel migliore dei casi finirono ospiti di altri familiari, nel peggiore si ritrovarono a condividere locali di fortuna con estranei; uomini, donne a bambini, tutti stipati in appartamenti o stanzoni senza divisori, con pochi servizi igienici, poca intimità e molta promiscuità.

Quando fu possibile i bambini andarono al seguito delle madri e del resto della famiglia; in altri casi vennero allontanati e trasferiti, a cura dello Stato o di organizzazioni caritatevoli, in orfanotrofi o centri di accoglienza temporanei, insieme ad altri coetanei.

La paura dei bombardamenti, l'abbandono delle proprie case, la ricerca di nuove sistemazioni, vennero affrontati dai bambini con gli strumenti cognitivi propri delle diverse età. In generale elementi quali la ragione e la consapevolezza giocarono solo un ruolo limitato nella vita dei bambini. Nel tentativo di proteggersi da quanto accadeva intorno a loro, essi tesero ad allontanarsi rapidamente dalle cose reali del mondo esterno, soprattutto quando non piacevoli, per rifugiarsi nel proprio mondo infantile.

Anche l'abitudine alle sirene e alla fuga nei rifugi di fortuna divennero precauzioni quotidiane, quasi abituali: i bambini, dopo i primi momenti di smarrimento, impararono a trascorrere il tempo nei rifugi inventandosi giochi di fortuna, storie e canti. In questo modo misero in atto una sorta di "abbandono" del contatto con la realtà, negando i fatti, sbarazzandosi della loro paura per tornare, apparentemente indisturbati, alle attività e agli interessi del loro mondo infantile. Fu questo, cioè il loro modo di trasformare in "normalità" ciò che normale non era.

Ma questo meccanismo di resilienza non impedì di lasciare comunque conseguenze, apparentemente invisibili, ma molto profonde, se ben analizzate, seppure sia doverosa una distinzione a seconda delle età dei bambini coinvolti.

Come sostennero sempre Freud e Burlingham nel loro lavoro[9], mentre nel bambino piccolo le paure contro le aggressioni non si erano ancora stabilite nella psiche e quindi inizialmente i più piccoli furono privi di avversione per i raid aerei, i bambini più grandi e quindi più consapevoli, ne furono più sensibili.

Queste paure, soprattutto se accompagnate dai distacchi dalle figure genitoriali, comportarono un dolore ed un trauma aggiuntivo, che fu causa spesso di conseguenze importanti sullo sviluppo psicologico dei bambini.

Sempre nella ricerca condotta a Londra da Freud e Burlingham[10], diventata un'esperienza fondamentale per gli psicologi di allora e degli anni seguenti, si rilevò che, laddove i bambini sfollati erano accompagnati dalla madre soffrirono in misura minore rispetto a quelli non accompagnati da un genitore.

Lo studio evidenziò infatti che, se per gli adulti vivere in condizioni di guerra, perennemente esposti alle emergenze, era possibile, per i bambini la situazione negli anni decisivi dello sviluppo corporeo e mentale rappresentava una condizione completamente diversa.

Riportarono infatti Freud e Burlingham che:

«[11]Ogni volta che alcuni bisogni essenziali non vengono soddisfatti,

[9]   A. FREUD, D. BURLINGHAM, *War and Children*, Medical War Books, NYC, 1943.

[10]   A. FREUD, D. BURLINGHAM, *War and Children*, Medical War Books, NYC, 1943.

[11]   A. FREUD, D. BURLINGHAM, *War and Children*, Medical War Books, NYC, 1943,

ne conseguono malformazioni psicologiche durature. Questi elementi essenziali sono: il bisogno di attaccamento personale, di stabilità emotiva e di permanenza dell'influenza educativa. Le condizioni di guerra, attraverso l'inevitabile cambiamento della vita familiare, privano i bambini del contesto naturale per il loro sviluppo emotivo e mentale.»

Inoltre, emerse che, laddove i bambini vennero separati, soprattutto dalle madri, per essere ospitati presso orfanotrofi o famiglie disponibili ad accoglierli, si trovarono ad affrontare un doppio trauma, quello della perdita della loro casa e delle loro abitudini e quello del distacco dalle madri, loro punto riferimento emotivo ed affettivo. Sostennero sempre Freud e Burlingham che:

«[12]Per un bambino di età inferiore ai tre anni è estremamente difficile mantenere una relazione emotiva normale con un oggetto d'amore assente. Nel linguaggio comune diciamo che il bambino piccolo dimentica in fretta. In realtà significa che i bisogni materiali ed emotivi del bambino non possono essere soddisfatti a distanza. L'amore del bambino per la madre è strettamente legato al soddisfacimento di questi bisogni. Se la madre è assente, il bambino forma, dopo un breve periodo di desiderio, una nuova relazione con una madre sostitutiva. La relazione con la madre vera e propria è diventata insoddisfacente e viene allontanata dalla coscienza.»

1.6 - I figli della guerra

Nello scenario che accompagnò gli anni della guerra un altro aspetto riguardò direttamente i bambini, i neonati, e le loro madri. Negli anni del conflitto molti furono i bambini nati da relazioni tra civili e militari, alcuni dei quali a seguito di stupri agiti quasi sempre da soldati stranieri (alleati o no) ai danni delle donne. I dati parlarono di circa un milione di bambini nati a seguito di relazioni consenzienti o stupri[13].

In Italia il fenomeno maggiormente conosciuto riguardò donne ma anche ragazze e bambine, colpite nel corpo e nell'anima da azioni

---

pag. 11.

[12] A. FREUD, D. BURLINGHAM, *War and Children*, Medical War Books, NYC, 1943, pag. 119.

[13] B. MAIDA, *L'infanzia nelle guerre del Novecento*, Einaudi, Torino, 2017.

ignobili e violente. Le violenze di genere che colpirono le donne durante la Seconda guerra mondiale rimasero spesso impunite e avvolte nel silenzio. Difficile stabilire infatti quante donne ne rimasero vittime perché molte di loro, per paura o pudore, non denunciarono i fatti, anche per timore di essere giudicate o emarginate dalla società.

Lo stupro ai danni delle donne, al pari di altri traumi legati alla guerra, lasciò ferite fisiche e danni psicologici profondi, e venne percepito come tragedia personale ma anche collettiva, nei confronti del singolo ma anche delle famiglie di appartenenza, ed in misura diversa, venne vissuto come un oltraggio alla comunità e all'intera nazione.

Spesso le violenze arrivarono dai nazisti, ma furono segnalati episodi compiuti anche dai soldati alleati: in generale le donne non si sentirono mai al sicuro, in città così come nei paesi di campagna.

L'infanzia fu colpita due volte: per le bambine vittime dirette degli stupri e per i bambini nati da queste violenze.

Come riportato da Giovanni De Luna all'interno del suo articolo per il Centro Documentazione Studi Cassinati[14]

«Invasori, liberatori, occupanti, comunque si chiamassero, le truppe straniere guardarono all'Italia come a un paese vinto. E si comportarono di conseguenza. Si materializzò così l'incubo delle violenze e degli stupri, l'altra faccia della «guerra al femminile».

Il corpo della donna divenne "bottino di guerra" per i soldati, che spesso si vantarono delle loro gesta, conosciute ed in qualche misura tollerate dai corpi militari come una sorta di *svago* inevitabile delle truppe.

Celebre il fenomeno delle cosiddette *Marocchinate,* termine coniato per indicare gli episodi di violenza sessuale perpetrati dai soldati marocchini in servizio con l'esercito francese di stanza presso le linea Gustav, che divideva in due il centro Italia, nei confronti delle donne di quei territori, e ripreso anche dalla letteratura e dalla filmografia del dopoguerra (vd. *La Ciociara* di A. Moravia 1957, poi ripreso cinematograficamente da Vittorio de Sica tre anni dopo). Altrettanto comuni furono anche gli stupri ai danni delle donne partigiane e quelli compiuti dai soldati tedeschi durante l'occupazione.

---

[14] G. DE LUNA, *Il caso delle donne italiane stuprate durante la seconda guerra mondiale al centro di nuove ricerche. La ciociara e le altre,* in ww.cassino2000.com/cdsc/studi/archivio/n06/n06p16.html.

Gli stupri dei soldati comportarono spessoanche l'emergere di malattie a trasmissione sessuale (sifilide e gonorrea tra le tante). Molte donne rimasero incinte e altrettante abortirono volontariamente o spontaneamente; benché non siano state fatte ricerche in merito, si ritiene che si verificarono diversi casi di suicidio tra le donne violentate, nonché molti casi di infanticidio della prole nata dallo stupro[15].

I bambini nati dagli stupri vennero spesso abbandonati, altre volte costituirono una vergogna da nascondere, per molto tempo.

Diverso, ma pur foriero di situazioni non ben accette dalla società del tempo, fu il fenomeno delle relazioni amorose tra donne e soldati.

Non sempre, infatti, l'odio per il nemico *occupante* fu prevalente. Durante il periodo della guerra, la vicinanza tra soldati e civili, la condivisione di momenti di "normalità" quotidiana avvicinò molto le persone, agevolando sentimenti di tenerezza, a volte di vero e proprio amore nei confronti dell'altro, visto non più come il "nemico" ma come il confidente o l'amante.[16] Amare il nemico, l'altro, poteva voler dire però per le donne essere considerate vere e proprie traditrici ed anche il frutto di questo amore generò spesso vergogna e rifiuto da parte delle comunità. I bambini vennero definiti "due volte bastardi" come riporta Ponzani nel suo saggio, perché figli illegittimi del nemico occupante

Vero è anche che a volte alla base di queste unioni ci fu la fragilità e la precarietà di quei tempi difficili, poveri. Legarsi ad un soldato spesso venne considerata dalle donne un'opportunità per rendere più facile la sopravvivenza, per sperare in condizioni di vita più agevoli, per sé e per i propri figli.

La nascita di bambini frutto di queste relazioni fu seguita talvolta da nozze riparatrici, in grado di preservare l'onorabilità della donna e della sua famiglia. Lo Stato e gli Affari Esteri provarono ad agevolare queste unioni; tuttavia, non sempre i padri acconsentirono al riconoscimento dei figli. Si trattò di procedimenti a volte molto lunghi, in cui vi furono anche molti ricorsi contro il riconoscimento da parte dei padri interpellati.

Altre volte invece, alcuni soldati prigionieri di guerra rivendicarono l'esistenza di legami amorosi dai quali erano nati figli, per ottenere una

---

[15] Fonte: *Indagine conoscitiva sulla tutela dei diritti delle minoranze per il mantenimento della pace e della sicurezza a livello internazionale* - XVII Legislatura -III Commissione-Seduta n. 10 di Giovedì 25 febbraio 2016.

[16] M.PONZANI, *Figli del nemico-le relazioni d'amore in tempo di guerra 1943-1948*, Laterza edizioni, Bari,2015.

sorta di ricongiungimento con le donne italiane e sfuggire così alla prigionia.

In merito ai cosiddetti *figli illegittimi*, come riporta Ponzani nel suo saggio, il 27/02/1945 il Ministero dell'Interno inviò una circolare per la definizione del cognome e della cittadinanza per i figli illegittimi nati dall'unione naturale di donne nubili italiane con cittadini germanici. Con la circolare si impose che il cognome assegnato al bambino fosse quello della madre, anche se il padre ne aveva effettuato il riconoscimento. In questo modo, dice Ponzani:[17]

«...è la legge della nuova Italia liberata a far scontare ai nati dagli «amori di guerra» il peso di un conflitto e di una colpa che non appartengono per nulla alla loro storia. O che perlomeno non dovrebbero influenzarne la crescita.»

Non fu questo però il trattamento riservato alle giovani italiane che ebbero rapporti con i soldati alleati, per le quali questi legami furono considerati più rispettabili e onorevoli, forse perché frutto di relazioni con uomini risultati "vincitori" nel conflitto bellico.

Vennero pertanto assegnate valutazioni di merito e di valore diverse in base all'appartenenza dei soldati coinvolti, generando così due pesi e due visioni differenti alle medesime situazioni. I cosiddetti "figli della vergogna" furono quindi in larga parte solo coloro che nacquero da relazioni tra italiane e soldati tedeschi. E proprio la vergogna portò spesso queste madri a non riconoscere i figli e ad abbandonarli senza avere con loro alcun rapporto, oppure a tenerli con sé, condannate però a vivere in condizioni di miseria, ai margini delle loro comunità.

Come rileva ancora Ponzani[18], il pregiudizio di allora volle che la nascita di questi bambini illegittimi fosse considerato un evento disonorevole, da cui la donna poteva riscattarsi solo con la separazione dal *frutto della colpa*, ovvero dai neonati, che vennero così lasciati nei brefotrofi o negli istituti di ricovero e assistenza per i minori previsti in ogni città e provincia, deputati ad accogliere i bambini illegittimi e i figli di genitori ignoti. [19]

---

[17] M.PONZANI, *Figli del nemico-le relazioni d'amore in tempo di guerra 1943-1948*, Laterza edizioni, Bari, 2005, pag. 25.

[18] M.PONZANI, *Figli del nemico-le relazioni d'amore in tempo di guerra 1943-1948*, Laterza edizioni, Bari, 2005.

[19] M.PONZANI, *Figli del nemico-le relazioni d'amore in tempo di guerra 1943-1948*, Laterza edizioni, Bari, 2005, pag. 37.

A conclusione della guerra si segnalarono 41.867 figli illegittimi[20].

1.7 - Lacerazioni emotive e mancanze affettive

La guerra fu quindi generatrice di molte e diverse fratture. Innanzitutto, familiari: la partenza dei padri e delle figure di riferimento maschili per il fronte significò l'inizio di una nuova dimensione familiare che durò anni e portò con sé angoscia, preoccupazione per i cari lontani e paura del futuro. I bambini in particolare dovettero adattarsi a situazioni nuove, precarie, in cui la disgregazione del proprio nucleo e la mancanza di elementi fondamentali per la famiglia portò dolore, perdita dei riferimenti affettivi e morali, delle figure cardine all'interno della gerarchia familiare.

Il padre rappresentava non solo la *fonte di sostentamento* principale per le famiglie, ma anche *l'Autorità* riconosciuta, colui che proteggeva e custodiva la sicurezza della famiglia e dei suoi membri.

La guerra segnò quindi per molti la fine dell'infanzia e il passaggio, repentino e traumatico, all'età adulta. I bambini si sforzarono di darsi spiegazioni ai cambiamenti in atto, ma spesso il loro livello di maturazione emotiva e la mancanza di riferimenti oggettivi a cui appigliarsi impedirono una piena comprensione del cambiamento e una piena elaborazione di quanto veniva comunicato dai genitori, dalla famiglia, dal mondo esterno.

Sempre Freud e Burlingham[21] riportarono come spesso i bambini più piccoli non riuscissero ad applicare il ragionamento per tentare di capire eventi stravolgenti come ad esempio la perdita di un genitore, in quanto l'impossibilità di cogliere il significato logico della morte non era ancora presente nei bambini in età precoce. Per cui il loro approccio all'evento, alla catastrofe, poteva essere solo una questione *emotiva*.

Ancora Freud e Burlingham riferirono nel loro saggio che lo stesso utilizzo di termini che in qualche modo avevano a che fare con la guerra ma che non erano conosciuti direttamente dai bambini, come ad esempio *esercito*, *marina*, *aeronautica*, vennero utilizzati senza una cognizione precisa della parola, ma in generale potevano rappresentare «*stranges countries to which their fathers have gone*[22]».

Così come la parola *bombardamento* veniva spesso usata

---

[20] M.PONZANI, *Figli del nemico-le relazioni d'amore in tempo di guerra 1943-1948*, Laterza edizioni, Bari, 2005, pag. 39.

[21] A. FREUD, D. BURLINGHAM, *War and Children*, Medical War Books , NYC, 1943.

indistintamente per ogni tipo di distruzione. [23]

Gli stessi genitori non furono sempre in grado di fornire elementi utili di comprensione ai propri figli: spesso erano vaghi, a volte ostentavano falsa sicurezza o, peggio, si trinceravano dietro silenzi impenetrabili dai bambini. Sicuramente ciò che passava e che colpiva i bambini, più delle parole, erano i visi scuri, la paura, l'ansia che veniva trasmessa loro. I genitori, le madri (il più delle volte rimaste unico riferimento dell'originale configurazione familiare) si sforzarono di mantenere una parvenza di controllo della situazione, di sicurezza e padronanza di quanto accadeva intorno a loro. Sicurezza a lungo andare messa a dura prova dagli eventi e dalle difficoltà quotidiane: così veder vacillare e crollare l'onnipotenza e la forza rappresentata e custodita dalle figure genitoriali rappresentò per i bambini un ulteriore elemento di fragilità, che si insinuò nelle loro convinzioni e certezze di vita.

Il trauma fu ancora più evidente nei bambini privati delle figure di riferimento a causa di lutti o deportazioni. Fu molto difficile per i bambini, come riportarono sempre Freud e Burlingham, combattere i propri desideri di morte quando, allo stesso tempo, le persone venivano uccise e ferite intorno a loro.

Così come fu tipico per alcuni bambini associare queste esperienze ad altre circostanze di dolore e paura. Rilevarono sempre Freud e Burlingham dalla osservazione sul campo in Inghilterra che:

[24]*«una bambina di sei anni, trasferisce questa paura e questa esperienza dalle bombe agli incidenti di ogni tipo, alla vista di ambulanze, di ospedali, di malattie, di operazioni...in breve a ogni evento che porta con sé il fatto che riporta alla mente il fatto della morte»*

Anche il periodo post-bellico, nonostante la pace ritrovata, contribuì ad evidenziare traumi, sentimenti di vuoto, di smarrimento, talora di sensi di colpa verso chi non era più tornato, mentre loro, i bambini, erano ancora vivi.

Come sostenuto da Shields e Bryan[25], i bambini sopravvissuti ai

[22] A. FREUD, D. BURLINGHAM, *War and Children*, Medical War Books, NYC, 1943, pag. 18– trad. " *strani paesi in cui erano andati i loro padri -* ,

[23] A. FREUD, D. BURLINGHAM, *War and Children*, Medical War Books, NYC, 1943.

[24] A. FREUD, D. BURLINGHAM, *War and Children*, Medical War Books, NYC, 1943 , pag. 36.

[25] L. SHIELDS & B. BRYAN, *The effect of war on children: The children of Europe*

campi di sterminio portarono con sé non solo segni fisici di quanto accaduto, ma anche danni psicologici enormi, che li condizionarono negli anni a venire, in alcuni casi per tutta la vita, come dimostrano le numerose testimonianze raccolte intorno a questi temi. Così come fu ingente il trauma subito da bambini che videro i genitori portati via da soldati per essere torturati e uccisi o deportati.

Le cifre dell'incidenza di traumi psichiatrici/psicologici nei bambini dopo la guerra non sono mai state rese note con precisione. Già nel 1947 però, alcuni esperti riuniti a Ginevra per parlare di welfare post-bellico, discussero del rapporto tra guerra e delinquenza minorile, esaminando i dati sulla criminalità giovanile nella maggior parte dei paesi europei e notando un triplice aumento (Unione internazionale per l'infanzia e Benessere 1947), che poteva essere associato alle privazioni e ai danni emotivi lasciati dal conflitto nelle giovani generazioni.[26]

Leggendo questi dati e queste testimonianze, si potrebbe quindi giungere a supporre che i danni materiali ed emotivi lasciati dalla guerra furono portatori di conseguenze a breve, medio e lungo termine. Sia che si trattasse di bambini deportati, tolti alle loro famiglie per preservarli da morte certa in zone di bombardamenti o rimasti accanto alle loro madri in pieno conflitto, l'impatto del trauma ebbe conseguenze importanti, a volte indelebili sulla loro psiche e sulle loro vite successive, rendendoli fragili, traumatizzati e spesso preda di influenze negative che li resero sensibili e li indirizzarono a volte verso la delinquenza minorile.

I danni più ingenti e duraturi per i bambini avvennero nel momento in cui, come riportarono sempre Freud e Burlingham, essi furono esposti improvvisamente e senza preparazione a pericoli che non erano in grado di affrontare emotivamente.[27]

La guerra, come rilevò Maida nel suo saggio *L'infanzia nelle guerre del Novecento*[28], invase il momento dell'infanzia, ne decretò la fine, con la violenza, il trauma e la paura, accelerandone tutti i riti di passaggio, le esperienze. I bambini usarono gli strumenti in loro possesso per far fronte a questo momento traumatico, trasformando la guerra in

---

after World War II, International Council of Nurses, *International Nursing Review.* n. 49/2002.

[26] L. SHIELDS & B. BRYAN, *The effect of war on children: The children of Europe after World War II*, International Council of Nurses, International Nursing Review. n. 49/2002.

[27] A. FREUD, D. BURLINGHAM, *War and Children*, Medical War Books, NYC, 1943.

[28] B. MAIDA, *L'infanzia nelle guerre del Novecento*, Einaudi, Torino, 2017.

avventura, quando possibile, ed utilizzando ciò che conoscevano bene, i giochi, per affrontarla, provando anche a darle un senso.

Proprio perché il gioco rappresenta per il bambino lo strumento per affrontare e dare un senso alla realtà e alle emozioni che essa si porta dietro, continuare a giocare divenne naturale nei rifugi, tra gli sfollati, persino nei campi di concentramento.

I bambini impararono allo stesso modo a *giocare alla guerra*. Di fronte all'irrazionalità della guerra stessa, provarono ad avvicinarla al loro mondo, alla loro realtà, tentando di renderla un po' più comprensibile. Entrarono in scena armi finte e soldatini, si raccolsero frammenti di mine, si inscenarono battaglie.

Ma il gioco divenne anche un mezzo per raccontare le paure, i traumi, ciò di cui si era stati testimoni.

Freud e Burlingham[29] riportarono come tra marzo e maggio 1941, dopo i raid, i bambini, di età compresa tra i tre e i cinque anni, ripeterono nel gioco ciò che avevano visto o sentito.

Così come i giochi, anche i disegni e, per i più grandi, la tenuta di un diario personale, divennero secondo Gabrielli, strategie di difesa o di resistenza, momento di cura e di rielaborazione di quanto avvenuto, in quanto:

[30]*«la possibilità di costruire un mondo altro si afferma quale antidoto, o almeno, l'argine di contenimento al trauma, così come la scrittura memorialistica diviene, agli occhi dei clinici, e studiosi di differenti discipline, un medicamento prezioso per sanare ferite ancora non rimarginate. Una ferita, quella della guerra, che impone una brusca svolta, un rapido passaggio all'età adulta.»*

Attraverso il disegno, educatori e psicologi, riuscirono a cogliere i bisogni di aiuto dei bambini e ad aiutarli a superare il trauma e servì anche ad anticipare i racconti che poi, diventati più grandi e acquisita una maggiore sicurezza psicologica, i bambini ebbero moto di raccontare da soli. Mettere uno spazio temporale tra i fatti vissuti e il loro racconto, rappresentò per i bambini la possibilità di dire attraverso altri canali ciò che dire a voce era ancora insopportabile, lasciando allo spettatore, all'adulto, il compito di capire.

---

[29] A. FREUD, D. BURLINGHAM, *War and Children*, Medical War Books, NYC, 1943.
[30] P. GABRIELLI, *Se verrà la guerra chi ci salverà? Lo sguardo dei bambini sulla guerra totale*, Il Mulino Editore, Bologna, 2020, pag.18.

Se la definizione e il trattamento del trauma divennero centrali per gli operatori (sociali e sanitari) che assistettero i bambini durante e dopo la guerra, anche lo studio della *resilienza* (ossia la capacità dei bambini di rispondere in maniera proporzionale e flessibile all'evento traumatico) interessò gli studiosi di quegli anni.

Emerse inoltre, come riportò anche Maida[31] nel suo saggio, che i bambini vennero aiutati principalmente dagli altri bambini, perché i genitori erano troppo provati dal conflitto. Fu però l'intera comunità (fatta da genitori, compagni, amici, ecc.) a fornire la risposta e la cura più adeguata agli effetti che lo stress della guerra aveva causato ai bambini stessi. La ripresa della scuola e l'investimento sull'educazione furono al contempo la risposta e la cura.

Certo il trauma non fu uguale per tutti i bambini, in tutte le Nazioni. Non fu possibile, perciò, sostenne sempre Maida[32], parlare di *trauma collettivo*, in quanto troppe erano le differenze tra chi aveva unicamente assistito alla guerra (vedi i bambini tedeschi) e chi l'aveva subita in prima persona (vedi i bambini ebrei deportati). Senza assolutamente voler provare a classificare le diverse tipologie di sofferenza, è pur vero che alcuni traumi e dolori, come quelli subiti ad esempio dai bambini deportati nei campi di concentramento, impattarono in maniera più significativa nella vita post conflitto, accompagnando costantemente i bambini nella ricerca di una identità che, a causa della *Shoah,* era andata distrutta, e che ora andava ricostruita. Ripartendo dalla famiglia, laddove ancora esistente, dalle proprie radici, dal tentativo di rimettere in piedi una comunità, quella ebraica, ferita e offesa nel profondo. L'adattamento alla pace per questi bambini divenne quindi un percorso lento, doloroso, sia dal punto fisico che psicologico, che significò anche ritrovare quel che restava delle loro identità e dei loro ricordi, se esistevano, dei tempi di pace.

Non solo: ricordare quello che era stato in tempo di guerra rappresentò un pesante fardello, che non tutti ebbero voglia di condividere: né alcuni sopravvissuti, che scelsero di parlare della propria terribile esperienza solo molti anni dopo, né coloro che li potevano e dovevano ascoltare. I paesi, le classi politiche di allora non furono sempre disposte a raccogliere questo tipo di testimonianze, volendo in qualche modo provare ad esorcizzare quanto esse rappresentavano nella memoria collettiva.

---

[31]   B. MAIDA, *L'infanzia nelle guerre del Novecento*, Einaudi, Torino, 2017.
[32]   B. MAIDA, *L'infanzia nelle guerre del Novecento*, Einaudi, Torino, 2017.

Come riporta bene Maida[33],

«Vivere dopo e vivere ancora furono le condizioni con cui tutti i sopravvissuti, compresa l'infanzia, dovettero misurarsi.»

Questo tentativo di ricostruzione di una *vita in tempo di pace* secondo Maida[34] fu più facile per i bambini, che non avevano vite precedenti a cui rifarsi, al contrario degli adulti, che invece rincorrevano le loro vite prebelliche, ormai irrecuperabili. Così forse in un certo senso reintegrarsi nella nuova società fu più semplice per chi viveva la *normalità* per la prima volta, senza riferimenti a situazioni precedenti.

Tuttavia, immaginarsi la pace per chi ha vissuto da sempre nella paura e nel trauma di perdere tutto non fu così semplice. Provando a fare anche un collegamento con le guerre contemporanee, si tratta in qualche modo di uscire dal *deserto esistenziale* come richiamato da Maida nel suo saggio[35], da un *«azzeramento familiare, comunitario, psicologico, ludico che ha segnato la formazione e la personalità di quell'infanzia»*

1.8 - La guerra è finita. abituarsi alla pace

.

Oltre ai danni materiali provocati dalla Seconda guerra mondiale, e alla necessità di ripartire con la ricostruzione fisica di città sovrastrutture e industrie, vi era più profondo il bisogno di ricostruire, come sostiene Bernini[36] ,

«a new ethical and moral order capable of mending the existential disarray left behind by the war»

L'infanzia uscì dal conflitto portandosi addosso un duplice significato, come ben sottolinea Maida[37] nel suo saggio:

---

[33] B. MAIDA, *L'infanzia nelle guerre del Novecento*, Einaudi, Torino, 2017, pag. 320.

[34] B. MAIDA, *L'infanzia nelle guerre del Novecento*, Einaudi, Torino, 2017.

[35] B. MAIDA, *L'infanzia nelle guerre del Novecento*, Einaudi, Torino, 2017, pag. 353.

[36] S. BERNINI, *Enfants de la guerre. Victimes, menaces et promesses d'avenir*, Revue des sciences sociales, Université de Stasbourg, n. 64/2020, psg. 1, Trad. *«un nuovo ordine etico e morale capace di ricucire il disordine esistenziale lasciato dalla guerra. »*

[37] B. MAIDA, *L'infanzia nelle guerre del Novecento*, Einaudi, Torino, 2017.

- emblema delle distruzioni prodotte dal conflitto;
- punto di partenza per pensare e realizzare la ricostruzione;

Ripartire quindi dall'infanzia per provare a non ripetere più gli stessi errori perpetrati ai suoi danni in tempo di guerra diventò un mantra ed una guida della società di quegli anni.

Uscire dalla guerra fu, come sostiene ancora Maida[38], un processo lungo e doloroso, in cui i problemi materiali e le paure condizionarono il ritorno ad una normalità, anche per i bambini.

Ricomporre anche il confine tra età adulta e infanzia, quel confine che con la guerra era andato assottigliandosi ed in alcuni casi era sparito, fu il compito degli Stati. Il "recupero dell'infanzia" passò quindi da politiche familiari importanti, da una ripresa demografica e da progetti di assistenza che videro nell'infanzia un tassello importante della ricostruzione post- bellica.

Nel vuoto esistenziale lasciato dalla guerra, i bambini rappresentarono la faccia più fragile e ferita, di fronte alla quale la società adulta si vergognava per i crimini commessi e si interrogava su come ripartire per ricostruire un nuovo modello sociale.

Pertanto, ripartire anche dai bambini, provando a restituire ciò che la guerra aveva loro tolto (la sicurezza, l'educazione, in poche parole l'infanzia stessa), divenne uno degli obiettivi primari della nuova società post-bellica.

In questo nuovo clima, il lavoro degli psicanalisti in Inghilterra (Freud e Burlingham su tutti), ma anche quello dei medici e degli psicologi (Winnicott, Ainsworth e Bowlby tra gli altri) partì dalle esperienze e dai traumi lasciati dalla guerra per tentare di restituire ai bambini un ruolo centrale nella nuova società. Ed il ruolo andò di pari passo con il recupero della dimensione educativa e dei contesti di cura, che vide nella famiglia e nella figura materna i suoi capisaldi. Come ridare alla famiglia il suo ruolo centrale e come ripartire dalla cura dei più piccoli fu uno dei principi della ricostruzione che, sebbene con sfumature differenti, interessò l'intera Europa.

In Italia queste considerazioni furono lette alla luce dell'importanza che la tradizione cattolica rappresentava per il nostro paese: in tal senso vennero sostenute e auspicate le posizioni , anche medico-scientifiche, che sostenevano il ruolo primario della famiglia come *nucleo* della ricostruzione personale e sociale, in cui il padre si riappropriava del

---

[38] B. MAIDA, *L'infanzia nelle guerre del Novecento*, Einaudi, Torino, 2017.

ruolo di *capofamiglia* e detentore del *potere*, mentre la madre assumeva inequivocabilmente quello di responsabile dell'educazione e della cura dei figli, dando vita ad una impostazione di genere che perdurò (e perdura ancora in alcuni contesti culturali) per decenni.

La famiglia riacquistò così anche quel ruolo naturale di *protezione* che durante la guerra era stato demandato allo Stato e alle organizzazioni assistenzialiste.

Questo era considerato, accanto a quello scolastico che si andava ricostituendo a sua volta, l'ambito privilegiato in cui formare i cittadini del futuro.

In realtà, però, come ripreso sempre da Bernini[39], il messaggio che emergeva dalla psicanalisi del dopoguerra metteva in qualche modo in guardia dal vedere il nucleo famigliare come inattaccabile e indistruttibile. Infatti, anche le famiglie emerse dalla guerra riportavano tutte le loro fragilità;

«Le famiglie emerse dalla guerra assomigliavano meno a un rifugio in un mondo travagliato, che a fragili vascelli in cerca di un porto».

La sfera domestica appariva più fragile, sia in termini emotivi che materiali.

Sicuramente il nuovo dopoguerra consentì agli adulti di riprendersi il loro ruolo di guida per i bambini e di garanti di protezione e controllo. Ricreare comunità domestiche e politiche in cui i bambini potessero prosperare significava restituire la responsabilità e il potere degli adulti, all'interno di neonate democrazie che intendevano fondarsi anche su principi di cittadinanza fondati sul rispetto dei diritti individuali.

1.9 - Gli strumenti giuridici per la protezione del fanciullo

Il Novecento è stato spesso definito *il secolo del bambino*, in quanto a partire da questo secolo l'infanzia fu oggetto di attenzione e di osservazione scientifica e sociale per migliorarne le condizioni di vita. Il bambino venne riconosciuto come essere umano dotato di propria autonoma specificità, che andava esplorata, indagata definita nei suoi confini- e bisogni, a cui lo Stato, come definisce bene Gabrielli[40], *sostituto organizzato della filantropia, provvede.*

---

[39] S.BERNINI, *Enfants de la guerre. Victimes, menaces et promesses d'avenir*, Revue des sciences sociales, Université de Stasbourg, n. 64/2020, pag. 14.

Numerose furono nel Novecento le organizzazioni nazionali ed internazionali che nacquero per prendersi cura dei bambini, spesso orfani e bisognosi.

Solo dopo la fine della Prima Guerra mondiale ci si rese conto che l'infanzia andava protetta dagli orrori della guerra, dalla violenza e dai soprusi e che bisognava investire sull'infanzia quale garanzia e assicurazione sul futuro delle nazioni. I bambini divennero oggetto della politica, dei programmi sociali ed economici dei paesi in ricostruzione.

Nel 1924 nacque per conto della Società delle Nazioni, la *Dichiarazione dei Diritti del Fanciullo*[41]: secondo questo documento uomini e donne di tutte le nazioni, riconoscendo che l'umanità doveva offrire al fanciullo il meglio, dichiararono ed accettarono come loro dovere di proteggere e assistere i fanciulli in ogni condizione.

Nello specifico la *Dichiarazione* prevedeva che:

[42]*«Preambolo*:

Secondo la presente Dichiarazione dei diritti del bambino, comunemente nota come Dichiarazione di Ginevra, gli uomini e le donne di tutte le Nazioni, riconoscendo che l'umanità deve al bambino quanto di meglio possiede, dichiarano e accettano come loro dovere che, oltre e prima di ogni considerazione di razza, nazionalità o credo:

Articolo 1 - Al fanciullo si devono dare i mezzi necessari al suo normale sviluppo, sia materiale che spirituale.

Articolo 2 - Il fanciullo che ha fame deve essere nutrito; il fanciullo malato deve essere curato; il fanciullo il cui sviluppo è arretrato deve essere aiutato; il minore delinquente deve essere recuperato; l'orfano ed il trovatello devono essere ospitati e soccorsi.

Articolo 3 - Il fanciullo deve essere il primo a ricevere assistenza in tempo di miseria.

Articolo 4 - Il fanciullo deve essere messo in condizioni di guadagnarsi da vivere e deve essere protetto contro ogni forma di sfruttamento.

Articolo 5 - Il fanciullo deve essere allevato nella consapevolezza che i suoi talenti vanno messi al servizio degli altri uomini.»

---

[40] P. GABRIELLI, *Se verrà la guerra chi ci salverà? Lo sguardo dei bambini sulla guerra totale*, Il Mulino Editore, Bologna, 2020,

[41] Fonte: *Dichiarazione dei diritti del fanciullo (dichiarazione di Ginevra 1924)*, Lega delle nazioni, Ginevra - marzo 1924.

[42] Fonte: *Dichiarazione dei diritti del fanciullo (dichiarazione di Ginevra 1924)*, Lega delle nazioni, Ginevra - marzo 1924.

La carta perse la sua validità nel 1946 con lo scioglimento della Società delle Nazioni. Purtroppo, anche i suoi contenuti vennero repentinamente disattesi con la nascita dei regimi totalitari nei paesi europei, e nel corso della Seconda guerra mondiale prontamente disattesa.

Al termine del secondo conflitto mondiale fu chiaro che le Leggi non erano state sufficientemente tutelanti nei confronti dell'infanzia, così come le organizzazioni che a vario titolo avevano offerto la loro protezione in tempo di guerra (Croce Rossa Internazionale, OMNI, ecc.).

Si trattò quindi rimettere a tema l'infanzia e la sua protezione, partendo da ciò che la guerra aveva lasciato e dai problemi più urgenti, quali la malnutrizione, l'infanzia abbandonata.

Come riportato molto bene da Stefania Bernini nel suo lavoro[43] :

«Le rovine materiali lasciate dal conflitto erano solo i segni superficiali e più visibili di una distruzione più profonda che minacciava le relazioni personali, il senso di sé degli individui e la loro capacità di pensare al futuro»

E ancora da Shields & Bryan[44],

«Dopo aver assistito ed aver preso parte, a volte inconsapevolmente, ad uno degli episodi più bui della storia umana, i bambini hanno dovuto ri-adattarsi a una vita "normale" in tempo di pace. Questo repentino cambiamento è stato traumatico quasi quanto la guerra»

Le conseguenze di anni di conflitto perdurarono ancora per molto tempo, condizionando praticamente e psicologicamente i destini delle persone. I bambini che erano riusciti a superare indenni il conflitto si ritrovarono a fare i conti con situazioni di indigenza prolungata e di equilibri familiari e sociali ancora tutti da ricostruire.

---

[43] S.BERNINI, *Enfants de la guerre. Victimes, menaces et promesses d'avenir, Revue des sciences sociales,* Université de Stasbourg, n. 64/2020.

[44] L. SHIELDS & B. BRYAN, *The effect of war on children: The children of Europe after World War II, International Council of Nurses, International Nursing Review.* n. 49/2002.

Inoltre, l'effetto congiunto di fame, guerra e povertà aumentò considerevolmente la mortalità infantile, così come la diffusione delle principali malattie infantili.

Nell'immediato dopoguerra, l'UNESCO registrò nel 1947 il 100% dei bambini nei paesi occupati come malnutriti (UNESCO 1947)[45].

Case e città distrutte, sovraffollamento condizioni igienico sanitarie ancora fragili, fornirono condizioni ottimali per la diffusione della tubercolosi, che divenne la malattia più mortale e più comune nei bambini, nel periodo del dopoguerra[46].

I bambini morirono spesso anche di gastroenterite, perché utilizzavano acqua contaminata. I danni da bombardamento lasciarono segni importanti sui corpi dei bambini: solo in Italia dopo la guerra si contarono 11 mila bambini storpi, oltre 1300 ciechi e 4000 sordi.

Il 10 dicembre 1948, l'Assemblea Generale delle Nazioni Unite approvò e proclamò la *Dichiarazione Universale dei Diritti Umani*, in cui, all'art. 25, comma 2, venne detto[47]

«La maternità e l'infanzia hanno diritto a speciali cure ed assistenza. Tutti i bambini, nati nel matrimonio o fuori di esso, devono godere della stessa protezione sociale.»

Con il 1959, a New York, l'assemblea generale dell'ONU approvò la *Dichiarazione universale dei diritti del fanciullo*, nei cui preamboli si stabilì che *l'umanità aveva il dovere di dare al fanciullo il meglio di se stessa*. L'Assemblea nei fatti lasciò alle differenti Nazioni il compito di applicare la convenzione secondo gli specifici strumenti normativi, richiamando però all'osservanza di alcuni principi generali (10) che si indicano per intero, direttamente tradotti e riportati dal sito ufficiale di *Save the children*[48], in quanto emblematici della situazione venutasi a

---

[45] L. SHIELDS & B. BRYAN, *The effect of war on children: The children of Europe after World War II*, International Council of Nurses, International Nursing Review. n. 49/2002.

[46] L. SHIELDS & B. BRYAN, *The effect of war on children: The children of Europe after World War II*, International Council of Nurses, *International Nursing Review. n. 49/2002.*

[47] Fonte*: Déclaration universelle des droits de l'homme,* https://www.un.org/fr/universal-declaration-human-rights/#:~:text=Le%2010%20d%C3%A9cembre%201948%2C%20les,chaque%20ann%C3%A9e%20le%2010%20d%C3%A9cembre.

[48] Fonte: *Dichiarazione universale dei diritti del fanciullo*, NY, ONU, 1958. Traduzione a cura di Save the children,

maturare in quegli anni anche a seguito della tragedia subita dai bambini durante l'ultimo conflitto mondiale:

1. *«Principio primo: il fanciullo deve godere di tutti i diritti enunciati nella presente Dichiarazione. Questi diritti debbono essere riconosciuti a tutti i fanciulli senza eccezione alcuna, e senza distinzione e discriminazione fondata sulla razza, il colore, il sesso, la lingua, la religione o opinioni politiche o di altro genere, l'origine nazionale o sociale, le condizioni economiche, la nascita, o ogni altra condizione, sia che si riferisca al fanciullo stesso o alla sua famiglia.*

2. *Principio secondo: il fanciullo deve beneficiare di una speciale protezione e godere di possibilità e facilitazioni, in base alla legge e ad altri provvedimenti, in modo da essere in grado di crescere in modo sano e normale sul piano fisico intellettuale morale spirituale e sociale in condizioni di libertà e di dignità. Nell'adozione delle leggi rivolte a tal fine la considerazione determinante deve essere del fanciullo.*

3. *Principio terzo: il fanciullo ha diritto, sin dalla nascita, a un nome e una nazionalità.*

4. *Principio quarto: il fanciullo deve beneficiare della sicurezza sociale. Deve poter crescere e svilupparsi in modo sano. A tal fine devono essere assicurate, a lui e alla madre, le cure mediche e le protezioni sociali adeguate, specialmente nel periodo precedente e seguente alla nascita. Il fanciullo ha diritto ad una alimentazione, ad un alloggio, a svaghi e a cure mediche adeguate.*

5. *Principio quinto: il fanciullo che si trova in una situazione di minoranza fisica, mentale o sociale ha diritto a ricevere il trattamento, l'educazione e le cure speciali di cui esso abbisogna per il suo stato o la sua condizione.*

6. *Principio sesto: il fanciullo, per lo sviluppo armonioso della sua personalità ha bisogno di amore e di comprensione. Egli deve, per quanto è possibile, crescere sotto le cure e la responsabilità dei genitori e, in ogni caso, in atmosfera d'affetto e di sicurezza materiale e morale. Salvo circostanze eccezionali, il bambino in tenera età non deve essere separato dalla madre. La società e i poteri pubblici hanno il dovere di aver cura particolare dei fanciulli senza famiglia o di quelli che non hanno sufficienti mezzi di sussistenza. È desiderabile che alle famiglie*

---

http://images.savethechildren.it/f/download/CRC/Co/Convenzione_1959.pdf

numerose siano concessi sussidi statali o altre provvidenze per il mantenimento dei figli.

7. Principio settimo: il fanciullo ha diritto a una educazione che, almeno a livello elementare, deve essere gratuita e obbligatoria. Egli ha diritto a godere di un'educazione che contribuisca alla sua cultura generale e gli consenta, in una situazione di eguaglianza di possibilità, di sviluppare le sue facoltà, il suo giudizio personale e il suo senso di responsabilità morale e sociale, e di divenire un membro utile alla società. Il superiore interesse del fanciullo deve essere la guida di coloro che hanno la responsabilità della sua educazione e del suo orientamento; tale responsabilità incombe in primo luogo sui propri genitori. Il fanciullo deve avere tutte le possibilità di dedicarsi a giochi e attività ricreative che devono essere orientate a fini educativi; la società e i poteri pubblici devono fare ogni sforzo per favorire la realizzazione di tale diritto.

8. Principio ottavo: in tutte le circostanze, il fanciullo deve essere fra i primi a ricevere protezione e soccorso.

9. Principio nono: il fanciullo deve essere protetto contro ogni forma di negligenza, di crudeltà o di sfruttamento. Egli non deve essere sottoposto a nessuna forma di tratta. Il fanciullo non deve essere inserito nell'attività produttiva prima di aver raggiunto un'età minima adatta. In nessun caso deve essere costretto o autorizzato ad assumere un'occupazione o un impiego che nuocciano alla sua salute o che ostacolino il suo sviluppo fisico, mentale, o morale.

10. Principio decimo: il fanciullo deve essere protetto contro le pratiche che possono portare alla discriminazione razziale, alla discriminazione religiosa e ad ogni altra forma di discriminazione. Deve essere educato in uno spirito di comprensione, di tolleranza, di amicizia fra i popoli, di pace e di fratellanza universale, e nella consapevolezza che deve consacrare le sue energie e la sua intelligenza al servizio dei propri simili.»

Fu solo il 20 novembre 1989 che l'Assemblea Generale delle Nazioni Unite approvò la *Convenzione sui Diritti dell'Infanzia*. Sottoscritta da 61 Stati, entrò in vigore il 2 settembre dello stesso anno, un mese dopo la ventesima ratifica. Nel frattempo, la *Convenzione* venne ratificata da tutti i paesi del mondo, tranne gli Stati Uniti, e divenne il trattato ONU che ha generato il maggiore consenso.[49]

---

[49] Fonte: *Convenzione sui Diritti dell'Infanzia 1948* - *h*ttps://www.unicef.ch/it/chi-

Nella seconda metà del Novecento molte altre guerre hanno interessato lo scenario mondiale: a dispetto delle Leggi, delle risoluzioni e dei buoni propositi normativi, i bambini si sono trovati nuovamente in prima linea ad assistere, vivere e spesso agire all'interno di contesti bellici.

Emblematico lo studio promosso a cura dell'Assemblea delle Nazioni Unite *Impact des conflits armés sur les enfants*[50], commissionato a Graça Machel (avvocata e politica africana che ha prestato servizio per numerose organizzazioni internazionali come ONU, Forum delle Pedagogiste Africane, Forum per la Leadership Africana e International Crisis Group), presentato all'Assemblea generale ONU il 23/08/1996. Con questo studio,

[51]*«L' esperto propone agli Stati membri e alla comunità internazionale gli elementi di un programma d'azione globale per migliorare la protezione e l'assistenza dei bambini nei conflitti e per prevenire l'insorgere di tali conflitti. Lo studio dimostra l'importanza fondamentale di questi temi per i diritti umani, la pace e la sicurezza internazionali e lo sviluppo. Dovrebbe spronare la comunità internazionale ad agire con urgenza e determinazione per migliorare la situazione dei bambini colpiti dai conflitti armati.»*

A distanza di cinquant'anni dalla fine del secondo conflitto mondiale, le tematiche emerse e i risultati dello studio evidenziarono ancora le stesse drammatiche condizioni a cui veniva esposta l'infanzia nei conflitti armati, rilevando che:

[52]*«Sempre più spesso ci si trova risucchiati in un vuoto morale. In questo mondo desolato, i valori umani più elementari sono scomparsi; i bambini vengono massacrati, violentati e brutalizzati; i bambini vengono sfruttati come soldati, e i bambini vengono affamati ed esposti*

---

siamo/internazionale/convenzione- sui-diritti-dellinfanzia#:~:text=Il
%2020%20novembre%201989%2C%20l,alla%20protezione%20e%20alla
%20partecipazione.

[50] Fonte: *Impact des conflits armés sur les enfants - Note du Secrétaire général*, A/51/306, 26 août 1996.

[51] Fonte: *Impact des conflits armés sur les enfants - Note du Secrétaire général*, A/51/306, 26 août 1996, pag. 1.

[52] Fonte: *Impact des conflits armés sur les enfants - Note du Secrétaire général*, A/51/306, 26 août 1996, pag. 7.

a brutalità estreme. Il terrore e la violenza così diffusi riflettono una deliberata vittimizzazione. Non sembra che l'umanità possa sprofondare ulteriormente.»

Nel rapporto vennero ripresi drammaticamente i temi già visti all'indomani del secondo conflitto mondiale, richiamando nuovamente come il dramma dei bambini sfollati, dei bambini soldato, della violenza sessuale, delle conseguenze fisiche e morali dei conflitti contemporanei e di come questi fossero in realtà l'eredità di tragedie già note, di leggi e raccomandazioni ai quali gli Stati non avevano saputo tenere fede e dove si ritenesse come la presenza dei mass media e della diffusione massiccia dei mezzi di informazione avesse avuto nella seconda parte del secolo la sua importanza ed influenza.

Dice infatti il rapporto:

[53]*«I media internazionali sono spesso influenzati dall'una o dall'altra parte del conflitto, da realtà commerciali e da dall'interesse che il pubblico ha per l'azione umanitaria. A causa di queste influenze, i media riportano a volte gli eventi in maniera selettivo o parziale, o entrambi.»*

La comunità internazionale precisò successivamente punti importanti della *Convenzione sui Diritti dell'Infanzia* del 1989 con protocolli aggiuntivi, come il *Protocollo facoltativo relativo alla partecipazione di fanciulli a conflitti armati*[54], il quale stabiliva che i minori di diciotto anni non potevano essere costretti a prestare servizio militare, concretizzando così quanto esplicitato riguardo al limite di età all'articolo 38 della Convenzione. Nel febbraio 2002, questo Protocollo aggiuntivo è entrato in vigore e fino al 2007 venne ratificato da 113 Stati.

Il Protocollo, pur costituendo un passo importante, non vietò l'uso di minori arruolati volontariamente (l'Italia solo con la Legge n. 2 dell'8/1/2001 ha abrogato l'articolo 3 della legge 31 maggio 1975, n. 191 che permetteva l'arruolamento dei diciassettenni). Il documento,

---

[53] Fonte: *Impact des conflits armésur les enfants - Note du Secrétaire général*, A/51/306, 26 août 1996, pag. 13.

[54] Fonte: *Optional Protocol to the Convention on the Rights of the Child on the involvement of children in armed conflict*, https://www.ohchr.org/en/instruments-mechanisms/instruments/optional-protocol-convention-rights-child-involvement-children.

preso atto dei lavori della Commissione ONU sui diritti nei bambini nei conflitti armati, rinnovò l'impegno a che gli Stati parti vigilassero affinché le persone di età inferiore a 18 anni non fossero oggetto di un arruolamento obbligatorio nelle loro forze armate, ribadendo come per i minori di 18 anni vi fosse il diritto ad una protezione speciale.

Tuttavia, nel medesimo documento venne precisato all'art. 3 che i minori di anni 18 potevano comunque essere arruolati a patto che gli Stati adottassero garanzie per assicurare quanto segue:

[55]*«a) che tale arruolamento sia effettivamente volontario; b) che tale arruolamento abbia luogo con il consenso illuminato dei genitori o dei tutori legali dell'interessato; c) che gli arruolati siano esaurientemente informati dei doveri inerenti al servizio militare e nazionale; d) che essi forniscano una prova affidabile della loro età prima di essere ammessi a detto servizio.»*

Dall'analisi degli studi riportati sembra emergere quindi come, al di là della volontà giuridica e politica di voler tutelare e sancire i diritti dei bambini a vivere in contesti di pace o quantomeno a tutelarne l'incolumità fisica e psicologica , per quanto possibile e con ogni mezzo necessario, anche in tempo di guerra, nei fatti i bambini siano destinati ad essere vittime sistematiche dei conflitti, anche e forse soprattutto a causa del grado di dipendenza dal mondo adulto che si dimostra incapace, ai tempi del secondo conflitto mondiale e ancora oggi, di far rispettare quelle stesse Leggi e dichiarazioni universali che ha fortemente voluto e promosso.

La presa di coscienza dei crimini e delle mancanze avvenute durante i conflitti ai danni di soggetti non in grado di difendersi e di porre resistenza alle azioni violente, sia dal punto di vista fisico che psicologico, non pare aver sortito alcun tipo di consapevolezza negli adulti che per primi dovrebbero garantire ai bambini alcuni elementari diritti, come riporta la stessa Graca Machel nel suo studio[56]:

---

[55] Fonte: *Protocollo opzionale sul coinvolgimento dei bambini nei conflitti armati -* Legge n. 46 dell'11 marzo 2002, Art. 3.

[56] Fonte: *Impact des conflits armés sur les enfants - Note du Secrétaire général,* A/51/306, 26 août 1996, pag. 14.

«La guerra viola tutti i diritti dei bambini: il diritto alla vita, il diritto a crescere nella propria famiglia e comunità, il diritto alla salute, il diritto alla realizzazione personale e il diritto a essere amati e protetti. Molti dei conflitti odierni attraversano il tempo dell'"infanzia", con il risultato che, dalla nascita alla tarda adolescenza, i bambini sono sottoposti a continue e molteplici aggressioni. Tale perturbazione delle strutture sociali e delle relazioni che sono alla base dello sviluppo fisico, emotivo, morale, cognitivo e sociale dei bambini. può avere profondi effetti fisici e psicologici.».

Capitolo secondo

Elsa Morante e "La Storia"

«Col presente libro, io, nata in un punto di orrore definitivo (ossia nel nostro Secolo Ventesimo), ho voluto lasciare una testimonianza documentata della mia esperienza diretta, la Seconda Guerra Mondiale, esponendola come un campione estremo e sanguinoso dell'intero corpo storico millenario. Eccovi dunque la Storia, così come è fatta e come noi stessi abbiamo contribuito a farla.»
E. Morante, «La storia», testo originale, dattiloscritto, della nota introduttiva all'edizione americana della 'Storia' per i membri della First Ed. Society, Pennsylvania 1977.

«Siccome non posso aspirare alla santità, soltanto tre cose hanno contato e contano per me: l'amore, i bambini, i gatti...»
Citazione di Elsa Morante, C. Giannini, *La Cultura in lutto. È morta a Roma, a 73 anni, la scrittrice Elsa Morante,* in «Il Gazzettino», 26/11/1985.

2.1 - Elsa Morante – cenni biografici

Nata a Roma il 18 agosto 1912, Elsa Morante è considerata a tutt'oggi una delle più famose scrittrici italiane, sicuramente una delle più rappresentative del secondo dopoguerra.

Figlia naturale di Irma Poggibonsi, maestra ebrea di Modena, e Francesco Lo Monaco, impiegato, viene però riconosciuta alla nascita da Augusto Morante, marito della madre.

Elsa trascorre i primi anni nel quartiere *Testaccio* a Roma, in compagnia dei suoi tre fratelli, anch'essi figli naturali del Lo Monaco. Ancora giovanissima scrive fiabe e storie per bambini, poesie e racconti brevi e già a 21 anni pubblica le sue opere su alcune riviste, testate e giornali (il primo racconto nel 1933 sul "Corriere dei Piccoli").

Dice della sua innata passione per la scrittura la stessa autrice:

[57]*«La mia intenzione di fare la scrittrice nacque, si può dire, insieme a me; e fu attraverso i miei primi tentativi letterari che imparai, in casa, l'alfabeto. Nello scrivere, mi rivolgevo naturalmente, alle persone mie simili; e perciò, fino all'età di quindici anni circa, scrissi esclusivamente favole e poesie per i bambini.»*

Sceglie di vivere da sola molto giovane e di iscriversi alla facoltà di Lettere, ma presto le ristrettezze economiche e la sua voglia di non dipendere dalla famiglia la costringono a lasciare gli studi. Si guadagna quindi da vivere dando lezioni private in diverse materie, scrivendo tesi di laurea su commissione e collaborando con alcuni periodici, tra cui un famoso settimanale, per il quale scrive utilizzando più pseudonimi.

Nel 1936 incontra quello che sarà per lei figura di riferimento e compagno di vita: Alberto Moravia. I due rimarranno legati per molti anni: si sposeranno e affronteranno insieme il periodo della guerra. Il loro rapporto, seppure molto intenso, vivrà diverse crisi, interessando a lungo la stampa dell'epoca. Cara amica di Pier Paolo Pasolini e Umberto Saba, frequenta molti intellettuali e scrittori del suo tempo.

Nel 1941 esce la prima raccolta di racconti, intitolata *Il gioco segreto*, seguita da altre due raccolte, *Le bellissime avventure di Caterì dalla Trecciolina* (prima edizione 1942, poi ampliata e ripubblicata in periodi successivi) e *Lo scialle andaluso* (1963).

Nel 1943, a seguito di un'accusa di antifascismo, Moravia è costretto a fuggire sulle montagne della Ciociaria, dove Elsa lo segue. I due torneranno nella capitale solo l'anno seguente.

Nel 1948 esce *Menzogna e sortilegio*, suo primo romanzo.

Nel 1957 con il secondo romanzo, *L'isola di Arturo* ottiene, prima donna nella storia, il Premio *Strega*.

Negli anni '60 la Morante attraversa una crisi artistica e personale importante: pubblica alcune opere, ma si dedica anche molto ai viaggi, sua altra grande passione. Nel 1961 si separa dal marito.

Nel 1962 perde, in circostanze drammatiche, un caro amico, lo scrittore americano Bill Morrow, precipitato da un grattacielo, esperienza che la segna profondamente.

Nel 1974, dà alle stampe il romanzo *La Storia*, che riscuote da

---

[57] G. ROSA, *Elsa Morante*, Il Mulino, Milano, 2013, pag 9.

subito un grande successo.

Nel 1980 cade, fratturandosi un femore. Da quel momento in poi comincia per lei un periodo molto difficile, che la costringe a letto per molti mesi e la porta a subire un intervento chirurgico in seguito al quale perde l'uso delle gambe.

Nel 1982 pubblica il suo ultimo romanzo *Aracoeli*.

Nel 1983 tenta di togliersi la vita. La salverà l'intervento tempestivo di una domestica.

Nel 1985 muore d'infarto.

Dopo la sua morte vengono pubblicate le *Opere,* le raccolte *Racconti dimenticati* e *Aneddoti infantili.*

2.2 – Genesi e fonti de "La Storia"

La Storia, pubblicato nel giugno del 1974, fu un enorme successo editoriale, che riuscì a raggiungere le 100.000 copie in un solo mese[58]. Venne messo in commercio in edizione tascabile ed economica (2000 Lire il costo)[59] per volontà dell'autrice, in modo da renderlo accessibile al maggior numero di persone. Dopo soli sei mesi la tiratura raggiunse le 600.000 copie.

In occasione dell'uscita del libro ci fu un massiccio investimento pubblicitario, ma la critica non fu sempre positiva. Molti accusarono Elsa Morante di aver scritto un libro "semplice" nel senso negativo del termine, facile alla lacrima e scritto per accaparrarsi il favore delle masse.

Come sostenuto infatti da Perona nel suo contributo in *La Storia di Elsa Morante ha vent'anni*, il libro fece molto discutere

[60] *«Il libro provocò altre letture severe, sia fra i letterati delle avanguardie, sia fra gli intellettuali di estrema sinistra, cui parve debole e incoerente la prospettiva ideologica, ma ebbe anche franchi ammiratori (Natalia Ginzburg, Carlo Bo, Oreste Del Buono, Paolo Milano, Cesare Garboli, Carlo Salinari, tra gli altri), sedotti da quel*

[58] Fonte: B. SCHACHERL, *Il mito di Useppe e il romanzo popolare*, in *Rinascita*, 23/08/1974, n. 33.

[59] Fonte: M. BELPOLITI, *"Sei patetica": così scoppiò il caso Elsa Morante*, in *La Repubblica*, Roma, 21/01/2019.

[60] E. ALESSANDRONE PERONA *"La Storia" di Elsa Morante ha vent'anni*, in *Elsa Morante a cento anni dalla nascita*, Rassegna stampa disponibile presso Biblioteca Civica e Centro Donna, Venezia, novembre 2012, pag. 52.

ritorno alla storia e alla vita»

Pur accusato di «speculare sulla sofferenza, di vendere disperazione, di propagare pessimismo»[61], il romanzo piacque in particolare, come riporta Perona, al pubblico femminile, a prescindere dalle varie posizioni e appartenenze politiche, e ai più giovani, ai *ragazzini rivoluzionari,* a cui la Morante aveva espresso la sua simpatia.

Giuliana Zagra riferisce, nel suo contributo contenuto nel volume *Elsa Morante: mito e Letteratura,* a cura di Lucia Dell'Aia[62], di come l'idea de *La Storia* venne a Morante in maniera inattesa. Riporta infatti Zagra un ricordo di Cesare Garboli, scrittore e critico letterario, secondo il quale:

[63]*«Elsa Morante inizia a scrivere La Storia tra la fine del 1970 e i primi giorni del 1971 durante le festività natalizie, grazie a una sorta di decisione improvvisa che le fa annullare ogni altro impegno: un'idea nuova del romanzo fortemente connessa al pensiero di Simone Weil: aveva deciso di recarsi a Parigi da Goffredo Fofi, ma rinunciò al progetto. In quei giorni di esitazione tra andare e restare riformulò l'idea del romanzo come un'«Iliade dei giorni nostri». Idea nata e maturata attraverso la frequentazione dei greci ritrovati tra le pagine dei quaderni di Simone Weil.»*

Il romanzo, nonostante questo slancio improvviso, mise tuttavia a frutto il meticoloso lavoro di ricerca e documentazione assemblato in anni di lavoro. La Morante infatti era conosciuta per la sua attenzione maniacale alla raccolta, redazione e conservazione delle fonti alla base delle sue opere: anche in questo caso produsse nel tempo ben 17 quaderni manoscritti e 4 album di annotazioni e appunti documentali che saranno ripresi e rivisti nella formulazione finale dell'opera e che servirono, come sostenne Bernabò nel suo volume *La fiaba estrema,* a *«immergersi nel romanzo e vivere a fianco dei suoi personaggi.»*[64]

Questa attenzione alla documentazione, alle annotazioni e

---

[61] C. GARBOLI, Introduzione a *La Storia,* Einaudi, Torino, prima edizione 1974, ultima edizione 2014, pag IX.

[62] AA.VV. *Elsa Morante: Mito e letteratura,* a cura di Lucia dell'Aia, Ledizioni, Milano, 2021.

[63] G. ZAGRA, *La Storia "come un'Iliade dei giorni nostri",* in AA.VV. *Elsa Morante: Mito e letteratura,* a cura di Lucia dell'Aia, Ledizioni, Milano, 2021.

[64] G.BERNABÒ, *La fiaba estrema,* Carocci Editore-Sfere, Roma, 2013, pag 196.

riferimenti specifici rimandano, come riportato da molti critici, al genere della *cronistoria,* che si basa essenzialmente su notizie provenienti da documenti storici, testi letterari, ma anche da informazioni reperite oralmente. Come riportato bene da Zaparlo nel lavoro dedicato (insieme ad altri autori) alle *Fonti* in Elsa Morante:

[65]*«A livello funzionale, queste indicazioni di carattere storico non soltanto vengono utilizzate per le cronistorie, ma forniscono la certificazione per l'ambientazione verosimile del romanzo, e vengono anche rielaborate letterariamente e trasposte nel vissuto dei personaggi.»*

Sicuramente *La Storia* fu un romanzo accostato alla fase *neorealista* dell'autrice, che caratterizzò la seconda parte della sua vita artistica, così definita perché contrapposta alla prima fase della produzione, descritta da Porciani come *«beata fase»*[66], che si estese sino al *Mondo salvato dai ragazzini* (raccolta di poesie del 1968). Questo periodo neorealista della produzione morantiana venne allo stesso modo etichettato da Porciani e da altri come il periodo della *pesanteur* delle opere, così definito anche alla luce dello stretto legame tra Morante ed i suoi autori di riferimento (Manzoni, Flaubert, Dostoevskii tra tutti) e all'influenza della psicanalisi e della mitologia di S. Weil, che si ritroveranno in alcune parti del romanzo.

L'approccio realista alla materia dell'opera e la forte volontà di documentare i fatti, propri della Morante, vennero ribaditi altresì con il ricorso a materiale fotografico che l'autrice utilizzò, non solo come immagine di copertina del romanzo del 1974 (foto di Robert Capa tratta da *Robert Kapa – Images of War*[67]), ma anche come elemento della trama. Morante, riporta infatti nel testo alcuni episodi nei quali il piccolo protagonista del libro, Useppe, si imbatte in diverse immagini rappresentanti lo sterminio nazista (una prima volta pubblicate su

---

[65]   M.ZANARDO, *La biblioteca della Storia attraverso lo studio dei manoscritti: alcuni esempi di utilizzo delle fonti*, in *Le fonti in Elsa Morante*, a cura di Enrico PALANDRI e Hanna SERKOWSKA, Innesti Crossroads XL, Edizioni Ca' Foscari - Digital Publishing,2015, pag. 111.

[66]   E. PORCIANI, *Uscire dalla camera dei cliché. La critica su Elsa Morante nel centenario dell'autrice*, in D. BROGI, *Per Elsa Morante,* Le parole e le cose, 25 Novembre 2015 (https://www.leparoleelecose.it/?p=21199).

[67]   R. CAPA, *Robert Kapa – Images of War,* Grossman Publishers, NYC, 1964.

alcune riviste esposte in un'edicola romana, e, successivamente ritrovate in un cartoccio di giornale lasciato dalla madre in cucina e utilizzato per avvolgere della frutta). Si tratta di episodi fortemente impattanti sul bambino, che l'autrice citerà e di cui conserverà traccia nei manoscritti, riportandone con precisione l'origine e le fonti. Nel primo caso, le fotografie viste da Useppe in edicola, le opere fanno espresso riferimento a *Incenso e polvere* (Prunas 1960) e ad uno scatto dello stesso Robert Capa, ovvero: «Robert Kapa – Images of War p. 134» (V.E. 1618/1.X, c. 28*v*).

Nel secondo caso, il foglio che avvolge la frutta, le fotografie sono riprese dal volume *The Trial of Adolf Eichmann* (Russel 1962) e da *Tu passerai per il camino* (Pappalettera 1965).[68]

In generale la Morante scelse di essere voce narrante sia onnisciente (quindi legata più alla tradizione annalistica), sia interna al romanzo, entrando in prima persona per commentare i fatti e i personaggi narrati, denotando una conoscenza e una vicinanza approfondita della storia e soprattutto dei caratteri dei suoi personaggi.

Quel che colpisce è sicuramente l'impressionante presenza di informazioni e dettagli che il romanzo contiene, come se, per citare Garboli, questo tipo di narrazione rispondesse al [69]*«bisogno di legittimare l'immaginario e di dargli coerenza»*.

E proprio attraverso questo meccanismo di legittimazione sembra anche arrivare, in maniera inattesa, la vicenda riportata al termine del romanzo. L'autrice, quasi a voler ribadire la veridicità dei contenuti narrati, inserisce nel testo un articolo di cronaca pubblicato su un giornale locale del tempo, che riporta la tragica notizia della morte di Useppe e della veglia al suo cadavere da parte della madre Ida e del cane Bella:

[70]*«Il giorno dopo sui giornali apparve la notizia di cronaca: Pietoso dramma al quartiere Testaccio-madre impazzita vegliando il corpo del figlioletto. E in conclusione vi si leggeva: Si è reso necessario abbattere la bestia.»*

---

[68]   M.ZANARDO, *La biblioteca della Storia attraverso lo studio dei manoscritti: alcuni esempi di utilizzo delle fonti,* in *Le fonti in Elsa Morante,* a cura di Enrico PALANDRI e Hanna SERKOWSKA, Innesti Crossroads XL, Edizioni Ca' Foscari - Digital Publishing, 2015, pag. 112.

[69]   C. GARBOLI, Introduzione a *La Storia,* Einaudi, Torino, prima edizione 1974, ultima edizione 2014, Pag XI.

[70]   E. MORANTE, La Storia, Einaudi editore, Torino, 1974, pag 647.

2.3 - La struttura del romanzo

La Storia è costituito da otto capitoli più uno introduttivo, *"9 lugubri memorandum"* come sostenne Garboli[71], per un totale di più di 600 pagine: ogni capitolo porta il nome di un anno dal 1941 a 1947: ogni anno è anticipato da schede storiche che ne riassumono i fatti più importanti, interpretati e commentati dal pensiero dell'artista. All'interno del romanzo la storia dei suoi protagonisti (Ida Ramundo e i figli Nino e Useppe) emerge dallo sfondo della Storia italiana dell'epoca con una forza narrativa ed umana da mettere quasi in ombra i fatti storici.

La cronaca riportata dall'autrice come cappello introduttivo a tutti i capitoli agisce come preambolo storico che però si stacca nettamente, come forma linguistica e come stile, dalle vicende narrate. Come riporta Perona, la Guerra è infatti percepita come un fondale, pur pervadendo ogni pagina e ogni vicenda dei personaggi,

[72]*«Nei preamboli sono elencati i misfatti dei potenti; nel racconto, si articola con grande cura il quadro dell'umanità inconsapevole, trascinata dagli eventi, destinata a soccombere anche quando cerca di attuare, come Clemente (Davide Segre), una sua personale rivolta.»*

La protagonista del libro è Ida Ramundo, una donna ebrea, vedova e con un figlio adolescente (Nino) che, in apertura di romanzo, viene violentata da un giovane soldato tedesco, Gunther, che la abbandona subito dopo per unirsi all'esercito in partenza per l'Africa, dove morirà di lì a poco.

Dallo stupro nascerà Giuseppe (Useppe) un bambino gracile ma dotato di intelligenza e spirito di adattamento, che vivrà con la madre dal 1941 al 1947, anno in cui morirà per una non precisata patologia legata alle sue gravi crisi di epilessia. Anche il fratello Nino, figura emblematica nella vita di Useppe, adolescente irrequieto e sfrontato che

---

[71]   C. GARBOLI, Introduzione a *La Storia*, Einaudi, Torino, prima edizione 1974, ultima edizione 2014, Pag V.

[72]   E. ALESSANDRONE PERONA *"La Storia" di Elsa Morante ha vent'anni*, in: *Elsa Morante a cento anni dalla nascita*, Rassegna stampa disponibile presso Biblioteca Civica e Centro Donna, Venezia, novembre 2012

si arruolerà prima con l'esercito fascista per unirsi poi alla Resistenza, morirà subito dopo la fine della guerra, fuggendo dalla polizia a bordo di un camion che sta trasportando merce di contrabbando e armi.

L'universo nel quale si troveranno a vivere o, meglio, a "sopravvivere" Ida e Useppe, sarà animato da numerosi altri personaggi, che faranno da cornice alle loro vicende e li accompagneranno negli anni difficili e drammatici della guerra, dai primi anni vissuti nella casa del quartiere S. Lorenzo, al rifugio per sfollati di Pietralata, alla camera in affitto a Testaccio. Un universo segnato dalla miseria e dalla paura, nel quale Ida, donna forte e fragile allo stesso tempo, sarà accompagnata da una serie di figure che incontrerà sul suo cammino, che in diversi modi la sosterranno durante il suo percorso di donna e madre.

Mancano quasi del tutto nella trama, nella vera accezione del termine, personaggi "negativi" che si oppongano a lei. Al contrario il romanzo è popolato da figure amichevoli che la comprendono e la proteggono, secondo un principio di «assistenza tra gli oppressi», ovvero quella capacità dei deboli, oppressi dalla Storia, di aiutarsi e sostenersi reciprocamente nelle avversità.

Capacità che si accompagna anche alla naturale predisposizione alla speranza, ovvero l'abilità di reagire comunque positivamente alle tragedie della vita, come riporta lo stesso Barenghi[73], quella sorta di resilienza che impedisce di soccombere alla realtà e di reagire con forza alla miseria e al terrore. Una capacità che spesso arriva a trasformare i personaggi. Ida ne è un esempio lampante: di carattere timorosa e spaventata, preda delle sue paure e spinta da queste al ritiro e alla vergogna, quando viene a contatto con la fame e la miseria arriverà a rubare per sfamare il figlio, in una sorta di metamorfosi indispensabile alla sopravvivenza.

È quindi un universo variegato quello delle creature Morantiane, un insieme di caratteri e personaggi vasto e articolato, all'interno dei quali De Benedetti, in un passaggio citato dallo stesso Barlenghi, individuò due categorie:

[74]*«da una parte quei personaggi che non resistono alla vita (Proust*

---

[73]   M. BARENGHI, *Tutti i nomi di Useppe. Saggio sui personaggi della* «*Storia*» *di Elsa Morante*, in *Studi novecenteschi*, 2001, vol. N. 2, pag. 371,374.

[74]   M. BARENGHI, *Tutti i nomi di Useppe. Saggio sui personaggi della* «*Storia*» *di*

li chiamerebbe êtres de fuite), dall'altra quelli che in qualche modo riescono ad adattarsi alla condizione terrestre, e alla durezza di un'esistenza piena di grigiore»

Che appartengano alla prima o alla seconda specie, si tratta comunque di esseri calati appieno nel loro dramma umano, che si alimenta nella realtà che spesso li condanna.

Barenghi riportò come l'analisi attenta e particolareggiata dei tratti dei personaggi fosse stata oggetto di una specifica riflessione che Morante dedicò all'interno del suo saggio *Sul romanzo*, pubblicato per la rivista "Nuovi Argomenti", n. 38/39, del maggio-agosto 1959.

[75]*«Ogni dramma umano, proprio in quanto umano, è un dramma psicologico. Si recherebbe la più stolta offesa alla persona umana se si riconoscesse all'uomo soltanto la sua funzione sociale (di poeta o di medico condotto, o di re, o di pescatore) si ignorasse la sua prima verità, e la più umana realtà del suo dramma che è una realtà psicologica. [...] E riguardo all'ipotesi che il romanzo volti definitivamente le spalle alla psicologia, essa mi sembra assurda nella sua stessa enunciazione, perché il romanzo è, in sé stesso, la proiezione di una psicologia nel mondo.»*

Sicuramente a Morante va riconosciuta la sua qualità di grande ritrattista, per come fu in grado di riportare tratti caratteriali e pensieri dei protagonisti in maniera cruda, talvolta feroce, ma altresì poetica e delicata. Diafani[76] la avvicina per questo alla grande tradizione dei narratori del Settecento inglese e francese (Stendhal e Flaubert su tutti).

Ogni protagonista, già a partire dal nome che lo accompagna, viene accostato all'altro in una sorta di grande carrellata caratteriale, nella quale si creano alleanze, solidarietà, vicinanza affettiva, soprattutto tra personaggi che condividono aspetti della personalità simili, quasi familiari.

Elsa Morante, in *Studi novecenteschi*, 2001, vol. N. 2, pag. 375.

[75]   M. BARENGHI, *Tutti i nomi di Useppe. Saggio sui personaggi della «Storia» di Elsa Morante*, in *Studi novecenteschi*, 2001, vol. N. 2, pag. 364.

[76]   L. DIAFANI, *I medici di Elsa Morante - Sulla Storia come romanzo della «disintegrazione»*, In *Letteratura e Scienze*, Atti delle sessioni parallele del XXIII Congresso dell'ADI (Associazione degli Italianisti), Pisa, 12-14 settembre 2019, a cura di Alberto CASADEI, Francesca FEDI, Annalisa NACINOVICH, Andrea TORRE, Roma, Adi editore, 2021.

A tale proposito Barenghi azzardò un'interpretazione tesa ad associare una certa "parentela romanzesca" ai personaggi che portavano nei propri nomi un richiamo, se non una precisa omonimia. Nello specifico vennero analizzati i nomi di Useppe e di Nino, che si scopriranno avere lo stesso nome o radice di altri personaggi del romanzo. Useppe scoprirà che nel solo ambiente del rifugio a Pietralata vi si troveranno ben sei personaggi di nome Useppe, e che anche tra i partigiani che lo accoglieranno nei dintorni di Roma, vi sono molti uomini di nome Useppe, tanto da far dire all'autrice

[77]*«Useppe spalancò gli occhi, all'idea di quanti Giuseppi ci stanno al mondo.»*

Allo stesso modo Nino sarà associato non solo al nonno Antonio (da cui prende il nome) ma anche al primo proprietario della cagna Bella, con il quale condivide la natura di "fuorilegge" (il primo padrone di Bella è infatti un contrabbandiere). Questa omonimia simbolica assunse a detta di Barenghi[78] un'unica identità creaturale, un contatto affettivo tra i personaggi, che accompagna l'intesa e la vicinanza tra gli stessi.

In generale, al di là dei richiami ai nomi, tutti i personaggi, così concepiti e portatori di singole esistenze, singoli drammi, si stagliano nel romanzo a contrasto con la Storia, quella del mondo. In un continuo passare dallo sfondo al particolare, le vicende dei singoli riportano a vicende storiche, che sono quindi non espressamente richiamate ma alluse. Come riporta Bernabò nel suo saggio,

[79]*«i riferimenti ai bombardamenti aerei di Roma, al dramma degli sfollati, al problema della fame, alla deportazione in Germania degli ebrei del ghetto sono calati in situazioni concrete e intensamente drammatiche.»*

Il lettore si trova quindi immerso nella Storia, pur non volendolo, in quanto calato nelle storie dei singoli, che lo obbligano a fare i conti con

---

[77]   E. MORANTE, *La Storia*, Einaudi, Torino, 1974, pag 265.

[78]   M. BARENGHI, *Tutti i nomi di Useppe. Saggio sui personaggi della «Storia» di Elsa Morante*, in *Studi novecenteschi*, 2001, vol. N. 2, pag.368.

[79]   G. BERNABÒ, *Come leggere La Storia di Elsa Morante*, Mursia, Milano, 1991, pag.38.

una realtà scomoda, a volte messa da parte per non riconoscerne gli orrori. E da qui è quasi impossibile scappare, voltare lo sguardo altrove. Come riportato bene da Garboli nella sua introduzione al romanzo, i personaggi

[80]«*sembra che formano la comunità di un lebbrosario, un campo di appestati piantato nel centro di quella vasta e incredibile babilonia che è la letteratura*».

2.3.1 - Lo spazio e il tempo

Un altro elemento che contribuisce a delineare la struttura del romanzo e a contrapporre gli eventi della Storia, intesa come storia dell'umanità, con quelli delle storie dei personaggi che animano il romanzo è sicuramente l'uso dello spazio, inteso sia come spazio topografico che come ambiente nel quale i singoli personaggi si muovono e vivono.

Una prima caratteristica che emerge chiaramente è la specifica conoscenza che l'autrice dimostrò nei confronti della sua città, Roma, in cui il romanzo è ambientato. I quartieri e le zone descritte sono quelli nei quali si svolse l'infanzia, la giovinezza e poi la maturità della Morante. Il Ghetto, S. Lorenzo, Testaccio, la Stazione Tiburtina.

Lo spazio della storia risulta in qualche modo compresso in quartieri specifici della città, dove si concentreranno tutte le vicende più importanti della trama e dove il lettore sembra girovagare in compagnia dei personaggi. È quindi uno spazio ristretto che, come rilevato anche da Garboli[81] nella sua *Introduzione* al romanzo per Einaudi editore, si contrappone alla vastità della guerra come scenario mondiale, sempre evocato nella trama ma più come elemento di sfondo che come collegamento alla realtà dei personaggi, nonostante rappresenti il motore che muove l'intera azione narrativa.

Ad un secondo livello però la connotazione spaziale sembra ricalcare in qualche modo la psicologia e il profilo dei singoli caratteri, in quanto ben si colloca all'interno del percorso di vita degli stessi.

E allora se per Ida la vita è una continua fuga da qualcosa e

---

[80]   C. GARBOLI, Introduzione *a La Storia*, Einaudi, Torino, prima edizione 1974, ultima edizione 2014, Pag. X.

[81]   C. GARBOLI, Introduzione a *La Storia*, Einaudi, Torino, prima edizione 1974, ultima edizione 2014.

qualcuno da cui nascondersi, parallelamente i suoi spazi sono sempre gli stessi, all'interno dei quali muoversi con circospezione, alla ricerca di luoghi conosciuti, in cui nascondersi alla vista degli altri, e sentirsi sicuri.

[82]«*Per tutta la strada, il cuore le sbatteva di spavento, fra la folla estranea de tram, che la schiacciava e la spingeva, in una lotta dove lei sempre cedeva e restava indietro. Ma all'entrare in classe, già subito quel puzzo speciale di bambini sporchi, di moccio e di pidocchi, la racconsolava con la sua dolcezza fraterna, inerme, e riparata dalle violenze adulte.*»

Mentre per Useppe e soprattutto per Nino lo spazio chiuso è una costrizione da cui scappare per ritrovare all'aperto la propria, seppur labile, libertà. Così Nino, da buon adolescente ribelle, passa in casa il minor tempo possibile e Useppe, appena può, scorrazza per la città con Bella, alla scoperta del mondo.

Un mondo che però per lui è a misura sua, contempla spazi definiti e circoscritti da esplorare e dove sentirsi al sicuro. È il caso dei dintorni del rifugio di Pietralata ma soprattutto della radura che Useppe scopre in una delle sue scorribande per la città, insieme a Bella.

[83]«*Erano entrati in una radura circolare, chiusa da un giro d'alberi che in altro mischiavano i rami, così da trasformarla in una specie di stanza col tetto di foglie. [...]Pareva di trovarsi in una tenda esotica, lontanissima da Roma e da ogni altra città: chi sa dove, arrivati dopo un grande viaggio; e che fuori all'intorno si stendesse un enorme spazio, senz'altro rumore che il movimento quieto dell'acqua e dell'aria.*»

Questo luogo diventa presto il posto preferito di Useppe, nel quale Bernabò[84] sembra ritrovare un paragone con l'ambiente uterino.

La dimensione temporale ha invece ne *La Storia* un andamento non lineare, non sempre correlato allo scorrere oggettivo degli eventi.

Innanzitutto, i preamboli ai capitoli assumono nel contesto del

<hr>

[82]   E. MORANTE, *La Storia*, Einaudi, Torino, 1974, pag 37-38.
[83]   E. MORANTE, *La Storia*, Einaudi, Torino, 1974, pag. 508.
[84]   G. BERNABÒ, *Come leggere La Storia di Elsa Morante*, Mursia, Milano, 1991, pag. 49.

romanzo una parentesi distaccata, che stride con il racconto, pur risultando utile per la contestualizzazione dei fatti storici, ma che non ha con gli eventi specifici alcun particolare legame. Questa è quella che potremmo definire la *linea del tempo storico*, che fa da bussola ma non ha azione specifica nella trama.

Accanto a questa dimensione c'è lo scorrere della storia del romanzo, che pur ricalcando la suddivisione temporale in anni (così come riportata ad ogni inizio di capitolo) ha un andamento altalenante, in quanto riserva pochissime pagine ad eventi storicamente rilevanti (l'occupazione nazista di Roma, la liberazione della città ad opera degli alleati, ecc.) per soffermarsi su altri (la deportazione degli Ebrei da Roma, il bombardamento di S. Lorenzo) denominati da Garboli[85] *passages*, di grande bellezza narrativa, dove il tempo viene amplificato per aprire lo spazio alla riflessione.

Esiste poi una terza e ultima dimensione temporale che è quella onirica, metafisica, che accompagna sia gli incubi di Ida che le "visioni" di Useppe, preda dei suoi disturbi epilettici, sia i deliri del povero soldato morente al fronte (Giovannino) che i vaneggiamenti di Davide (altro personaggio emblematico del romanzo), provocati dalla morfina. In ognuna di queste digressioni temporali si apre una dimensione parallela dei personaggi, in cui l'inconscio prende il suo spazio per esporre paure, consapevolezze ma anche spazi di felicità mitica e agognata. Sembra quindi un tempo personale, riservato, che mette in luce l'autenticità dei personaggi, la loro vera natura, ma che è deputato a rimanere una parentesi, destinata a chiudersi immediatamente con il ritorno al tempo del reale, dove tutto viene dimenticato. In uno dei passaggi che descrivono le crisi epilettiche infantili di Ida si riporta ad esempio:

[86]*«Passava ancora qualche istante prima che Iduzza riconoscesse davvero la sua patria casalinga; e, in quel punto stesso, del suo pauroso espatrio e ritorno già non le restava più nessuna notizia, come di eventi esiliata dalla sua memoria.»*

L'attenzione per la Morante al mondo onirico attraversò tutta la sua produzione e non solo. Di Elsa Morante sono state prodotte specifiche

[85]   C. GARBOLI, Introduzione a *La Storia*, Einaudi, Torino, prima edizione 1974, ultima edizione 2014.
[86]   E. MORANTE, *La Storia*, Einaudi, Torino, 1974, pag 29.

raccolte di sogni personali, la più importante delle quali, pubblicata col titolo *Lettere ad Antonio,* racchiude una serie di sogni annotati dal gennaio al luglio 1938, che la scrittrice tentò di analizzare e di reinterpretare in rapporto alla sua vita quotidiana. Secondo Dedola questa necessità nacque dalla lettura de *Interpretazione dei sogni* di Freud ma anche dalla tumultuosità delle sue vicende personali ed amorose che la misero spesso in difficoltà e alla continua ricerca di una chiarezza interiore che tentava di intravedere anche con l'aiuto della psicanalisi.

Riporta infatti Dedola:

[87]*«Ci sono in noi degli intuiti, delle vie psicologiche ignote, e talvolta un sogno può servire a ritrovarli.»*

Ma ciò che Morante sembra ricercare soprattutto nell'approccio ai testi freudiani, come riportato da G. Rosa, sembra essere più che altro una *«ricchezza di modelli e paradigmi rappresentativi»* che avvicinano la struttura dei sogni alla struttura letteraria dei suoi romanzi, considerati dalla stessa autrice delle sorte di *cattedrali.*

2.4 – Le vicende autobiografiche di Elsa Morante e *"La Storia"*

Ad Elsa Morante venne riconosciuto un carattere forte e deciso, talvolta rissoso, che spesso mascherava però una grande fragilità. Alcuni aspetti biografici la condizionarono nel profondo e attraversarono le sue opere in più momenti. Tra questi ricordiamo:

- le origini ebraiche;
- il rapporto con i due padri, con la madre naturale e quella affidataria;
- la mancata maternità e l'aborto subìto;
- l'amore per l'infanzia.

Alcuni di questi temi trovarono in qualche modo eco ne *La Storia* e furono esplorati dalla Morante inserendoli direttamente nella trama e nelle caratterizzazioni dei suoi personaggi, in maniera decisa e a tratti sovrapponibile con alcuni passaggi realmente ispirati alla sua vita.

Come riportato infatti da Porciani:

[88]*«se i dati biografici ricapitolati sono significativi, lo sono nel*

---

[87]   R. DEDOLA, *Elsa Morante. L'incantatrice*, Lindau srl, Torino, 2022, pag 141.
[88]   E. PORCIANI, *Uscire dalla camera dei cliché. La critica su Elsa Morante nel*

momento in cui entrano nei testi e vengono sottoposti a un trattamento letterario: «nei romanzi di Elsa, neppure tanto trasfigurate, ci sono lei e le persone della sua vita e le situazioni tra lei e queste persone. [...]»

Di seguito proveremo ad analizzare le tematiche più importanti in relazione all'oggetto di questo lavoro.

2.4.1 - Le origini ebraiche

Il primo forte rimando all'esperienza autobiografica, la Morante lo fece in relazione alle sue origini ebraiche.

In primis scegliendo il Ghetto di Roma come luogo che attraversa simbolicamente tutto il tempo del romanzo e che rappresenta per la protagonista Ida un luogo dal doppio significato: un posto da cui scappare, nel tentativo (maldestro) di nascondere al mondo le proprie origini e un luogo dall'irresistibile attrazione, dove cercare aiuto nelle situazioni difficili (la ricerca della levatrice nel momento del parto ne è un esempio), ma anche un luogo dove potersi ritrovare.

Forte anche della lettura di *16 ottobre 1943* di De Benedetti sulla retata nazista che portò alla deportazione da Roma più di mille ebrei, la Morante descrive Ida come rapita dal mondo circoscritto del Ghetto:

[89]*«Da ultimo quasi ogni giorno, col pretesto di qualche piccola merce da acquistare, ma in realtà senza una motivazione precisa, Ida all'uscita di scuola si avviava al quartiere ebreo. Si sentiva attirata là da un richiamo di dolcezza, quasi come l'odore di una stalla per un vitello, o quello di un suk per un'araba; e insieme da un impulso di necessità ossessiva, come di un pianeta gravitante intorno a una stella.»*

In secundis, la Morante recupera totalmente la propria storia autobiografica e la dona a Ida, suo personaggio principale. Ida, come Imma Poggibonsi, madre della Morante, è una donna ebrea che, pur non avendo avuto un'educazione ebraica, vive le proprie origini come una persecuzione. Essere ebrei, infatti, in quegli anni rappresentava uno stato da tenere nascosto alle autorità e agli altri, nel timore di essere

centenario dell'autrice, in D. BROGI, *Per Elsa Morante,* Le parole e le cose, 25 Novembre 2015 (https://www.leparoleelecose.it/?p=21199), pag. 2.

[89]   E. MORANTE, *La Storia,* Einaudi, Torino, 1974, pag 93.

traditi anche dalle persone più vicine, di essere denunciati e deportati. E così Ida tenterà in ogni modo di dimostrare la sua estraneità alla razza ebraica di fronte alle Autorità, portando a sua comprova gli atti del Battesimo ricevuto per volontà di sua madre, quasi a volerla tutelare da un destino segnato.

A simbolo della paura e della colpa che l'ebraismo apporta ai personaggi, la madre di Ida arriva a modificare il suo cognome, da Almagià ad Almagia, nel tentativo di cancellare le tracce delle proprie origini. La stessa Ida vivrà tutta la sua esistenza nella paura e nel terrore di essere scoperta e il suo percorso assumerà i contorni di una fuga continua, nel tentativo di scappare dal proprio nome e dalla propria condizione di ebrea.

Attraverso una minuziosa ricostruzione dell'albero genealogico familiare Ida tenterà di mettersi in salvo dalle persecuzioni e allo stesso modo di salvare i suoi figli da quelle che furono le disposizioni contenute nel *Regio decreto-Legge 17 novembre 1938-XVII, N.1728 Provvedimenti per la difesa della razza italiana,* che così riportava agli artt. 8 e 9 e citato nel testo:

[90]*«Degli appartenenti alla razza ebraica»*
Art. 8.
Agli effetti di legge:
a) è di razza ebraica colui che è nato da genitori entrambi di razza ebraica, anche se appartenga a religione diversa da quella ebraica;
b) è considerato di razza ebraica colui che è nato da genitori di cui uno di razza ebraica e l'altro di nazionalità straniera;
c) è considerato di razza ebraica colui che è nato da madre di razza ebraica qualora sia ignoto il padre;
d) è considerato di razza ebraica colui che, pur essendo nato da genitori di nazionalità italiana, di cui uno solo di razza ebraica, appartenga alla religione ebraica, o sia, comunque, iscritto ad una comunità israelitica, ovvero abbia fatto, in qualsiasi altro modo, manifestazioni di ebraismo. Non è considerato di razza ebraica colui che è nato da genitori di nazionalità italiana, di cui uno solo di razza ebraica, che, alla data del 1í ottobre 1938-XVI, apparteneva a religioni diversa da quella ebraica.

---

[90]   Fonte: *REGIO DECRETO* LEGGE 17 novembre 1938, n. 1728, *Provvedimenti per la difesa della razza italiana* (GU n. 264, 19 novembre 1938), convertito senza modifiche L 5 gennaio 1939, n. 274 (GU n. 48, 27 febbraio 1939).

Art. 9.

L'appartenenza alla razza ebraica deve essere denunziata ed annotata nei registri dello stato civile e della popolazione. Tutti gli estratti dei predetti registri ed i certificati relativi, che riguardano appartenenti alla razza ebraica, devono fare espressa menzione di tale annotazione. Uguale menzione deve farsi negli atti relativi a concessione o autorizzazioni della pubblica autorità. I contravventori alle disposizioni del presente articolo sono puniti con l'ammenda fino a lire duemila.»

Ma questa apparente legittimazione e salvezza in realtà non farà diminuire le paure e il terrore di Ida legato al suo sentirsi comunque ebrea.

[91]*«Il suo segreto razziale pareva sepolto una volta per tutte, negli archivi dell'Anagrafe; però lei, sapendolo registrato in quei loculi misteriosi, tremava sempre che una qualche notizia ne trapelasse all'esterno, segnando lei stessa ma Nino soprattutto! col marchio dei reprobi e degli impuri.»*

Come riporta infatti Lanfranchi nel suo contributo:

[92]*«L'ebraismo di Nora e di Ida è piuttosto legame di sangue trasmesso di generazione in generazione, un puro fatto genealogico vissuto come colpa, come un segreto fatale e infamante. L'ebraismo di Nora e Ida è, soprattutto, l'atavica memoria della persecuzione».*

E ancora Lanfranchi,

[93]*«Nora trasmette quindi a Ida l'elemento etnico, genealogico dell'ebraismo e insieme ad esso la condizione atavica del perseguitato, del paria.»*

L'ebraismo come colpa, come "male" da portare addosso, che

---

[91] E. MORANTE, *La Storia*, Einaudi, Torino, 1974, pag 58.
[92] P. LANFRANCHI, *Opposti ebraismi ne La Storia*, in AA.VV., *Elsa Morante: Mito e letteratura*, a cura di Lucia DELL'AIA, Ledizioni, Milano, 2021, pag 85.
[93] P. LANFRANCHI, *Opposti ebraismi ne La Storia*, in AA.VV., *Elsa Morante: Mito e letteratura*, a cura di Lucia DELL'AIA, Ledizioni, Milano, 2021, pag. 86.

stigmatizza i personaggi e li condanna ad una vita di sofferenza, si ritrova anche nel percorso analogo di Ida e Useppe in relazione alla loro malattia (l'epilessia), che li marchia a vita e di fatto ne segna il destino. Il male come ulteriore colpa da nascondere, da espiare, che rende diversi Ida e Useppe, come aveva reso "diversa" la stessa madre di Ida, e che sembra trasmettersi anch'essa geneticamente, in una sorta di persecuzione annunciata.

Perona riprende questo aspetto parlandone così:

[94]«*La Morante trasmise ai suoi personaggi femminili il senso di un'appartenenza ebraica, che si ridesta in loro nel momento della discriminazione e della persecuzione, come un richiamo viscerale. Alla luce della Shoah, questa appartenenza rafforza il significato paradigmatico di Ida e Useppe, sommandosi all'altro segno simbolico del loro "male indecifrabile" (l'epilessia) intesa, secondo la tradizione popolare, come "una prova immane e senza colpa, la scelta incolpevole d'una creatura isolata che raccogliesse la tragedia collettiva.*»

La malattia diventa così un fattore quasi ereditario, come l'ebraismo. Lanfranchi propone a tale proposito una lettura particolare di questo legame,

[95]«*La madre trasmette a Irma l'ebraismo così come le trasmette la follia e come lei a sua volta trasmetterà il grande male, l'epilessia, a Useppe. Abbiamo già visto che gli occhi di Ida contengono «una barbarie profondissima e incurabile*».

Il richiamo alle radici, alla storia personale e famigliare rappresenta per il romanzo un fortissimo elemento narrativo e allo stesso tempo profetico per lo svolgersi della trama e delle conseguenze sui destini dei personaggi. È nella storia familiare che ha inizio la genesi della storia personale dei protagonisti secondo un meccanismo di continui richiami e rimandi che sembrano in qualche modo giustificare e precedere le vicende e i destini.

---

[94]　E. ALESSANDRONE PERONA *"La Storia" di Elsa Morante ha vent'anni*, in: *Elsa Morante a cento anni dalla nascita*, Rassegna stampa disponibile presso Biblioteca Civica e Centro Donna, Venezia, novembre 2012, pag.57.

[95]　P. LANFRANCHI, *Opposti ebraismi ne La Storia*, in AA.VV. *Elsa Morante: Mito e letteratura*, a cura di Lucia DELL'AIA, Ledizioni, Milano, 2021, pag. 91.

Ciò che accade ai personaggi sembra in sintesi trovare un senso nelle radici familiari, in quei contesti che condizionano la vita sin dalla nascita e la accompagnano verso un finale che sembra già scritto.

Riporta Laura Neri a proposito,

[96]*«Ogni destino è una storia di precedenti. La storia di ogni figlio e figlia è preceduta dalle storie di padri e madri. E dalla storia dei genitori, anche, dei padri e delle madri. La narrazione romanzesca è un metodo di conoscenza per precedenti e conseguenze, dove lo spazio si incrocia col tempo, e ogni "ora" ha un "prima". Ogni eroe protagonista, per conoscere e rivelare sé stesso, deve raccontare la storia della propria famiglia. E lì, è all'insaputa del personaggio, che vengono decise le carte con cui si giocherà la partita fra io e mondo.»*

Altro aspetto che riflette l'influenza che l'ebraismo ebbe sull'opera della Morante è rappresentato sicuramente dalla figura di Davide Segre, ragazzo del Nord-Italia, alias Carlo Vivaldi, deportato dalle SS per le sue opinioni politiche anarchiche, riuscito a fuggire e riparatosi al Sud. Si scoprirà nel corso del romanzo che Davide è di razza ebraica, elemento che condivide con Ida e che rappresenta, come sostenuto anche da Bernabò, l'ebraismo più consapevole e impegnato del romanzo, una sorta di alter ego dell'autrice, con cui la Morante si consente di esprimere la sua anima più razionale, le sue posizioni più radicali, anch'esse influenzate in parte dalla lettura di Simone Weil e contrapposte nella geometria dei personaggi al più "emotivo" ebraismo di Ida[97].

Innanzitutto, Davide, come la Weil, deciderà di fare un'esperienza di operaio in una fabbrica romana, sperimentando sulla propria pelle lo straniamento e le difficoltà di questa classe sociale. La sua esperienza, inizialmente accolta con entusiasmo dal giovane, causerà in lui grossi problemi sia fisici che psicologici e lo spingerà, insieme al ricordo della persecuzione e delle torture subite in tempo di guerra, verso la strada della dipendenza, di cui resterà vittima. In secondo luogo, riprendendo nella storia e nei pensieri dello stesso Davide, alcuni termini, immagini e passaggi utilizzati sono ascrivibili alla Weil e serviranno a rinforzare e

---

[96]   L.NERI/BIBLIÒN, *Il sogno della cattedrale*, in: *Elsa Morante a cento anni dalla nascita*, Rassegna stampa disponibile presso Biblioteca Civica e Centro Donna, Venezia, novembre 2012, pag.44.

[97]   G.BERMABÒ, *La fiaba estrema*, Carocci Editore-Sfere, Roma, 2013, pag 173.

supportare il punto di vista del personaggio e in qualche misura della stessa Morante.

2.4.2 – La famiglia e la maternità

Elsa Morante non fu mai madre, ma nondimeno, o forse proprio per questo, il romanzo è pieno di riferimenti alla maternità intesa come motore della narrazione, origine della forza e della resistenza della protagonista Ida, fonte e causa del destino dei suoi personaggi Useppe e Nino.

Dalle testimonianze raccolte sappiamo che la Morante dovette affrontare un aborto procurato, all'età di 19 anni, mai rivelato ma confidato ad un confessore (il gesuita Tacchi Venturi) che la seguì per quasi tutta la sua esistenza. La gravidanza giunse inaspettata nel corso di una relazione che la giovane Morante stava intrattenendo con Willy Coppens, aviatore conosciuto nell'agosto del 1935. Il dramma dell'aborto tornerà spesso nei sogni della Morante. Certamente il periodo in cui la scrittrice si trovò ad affrontare questo dolore corrispose a quello della Roma del pieno periodo fascista, quando la politica mussoliniana volta ad esaltare la famiglia e la maternità condannava in maniera radicale l'aborto, considerandolo un reato punibile con la carcerazione, che andava assolutamente denunciato. La stessa Morante temette per molto tempo che il suo confessore potesse denunciarla, cosa che però non avvenne. In quel periodo, inoltre, le modalità con cui l'aborto clandestino veniva praticato erano precarie e spesso mettevano a rischio la vita della madre, cosa che sicuramente contribuì a rendere l'evento ulteriormente gravoso per l'autrice.

Oltre alla sua mancata maternità, anche l'esperienza con la propria famiglia non fu semplice per la Morante. Elsa e i suoi fratelli erano figli di Lo Monaco anche se la madre risultava sposata con Augusto Morante, che accettò la relazione extraconiugale della moglie per nascondere alcuni suoi problemi di impotenza, pur di mantenere un'apparenza di rispettabilità. Irma Poggibonsi fu per la Morante una madre forte, simbiotica con i propri figli e tuttavia infelice a causa della situazione familiare che stava vivendo. Secondo quanto riportato da Bernabò[98], probabilmente la madre accettò la situazione complessa con le due figure maschili che le rimasero accanto perché, pur essendo una donna realizzata professionalmente ed economicamente indipendente,

---

[98] G.BERNABÒ, *La fiaba estrema*, Carocci Editore-Sfere, Roma, 2013

manteneva una certa insicurezza che le veniva dal suo essere ebrea, cosa che la rese sempre esitante (tratto questo ripreso dalla Morante nel personaggio di Ida). Il padre naturale della Morante ebbe libero accesso alla casa di Elsa e agli occhi di tutti venne sempre considerato "lo zio" che si palesava ogni tanto con doni e giocattoli per tutti. Elsa, ancora bambina, seppe la verità dalla madre che, durante una delle crisi di ansia che la colpivano spesso, confessò improvvisamente tutto ai figli.

Inoltre, la Morante, ancora bambina, fu affidata per un periodo dai genitori alla sua madrina di battesimo (la marchesa Maria Maraini Guerrieri Gonzaga, progressista, amica e collaboratrice di Maria Montessori), che non aveva figli, ma che si rese disponibile ad occuparsi della formazione e della crescita di Elsa, godendo di più possibilità economiche. Questo periodo sicuramente smosse nella bambina sentimenti contrastanti, in quanto attratta dallo sfarzo e dallo stile di vita agiato della famiglia affidataria ma in colpa per aver lasciato la sua famiglia di origine e i suoi fratelli. Questi aspetti contribuirono a rendere ancor più complesso il suo rapporto con il materno e a mantenere solido l'equilibrio di quella sorta di "famiglia allargata" alla quale apparteneva: una doppia figura paterna (il padre naturale e quello "formale"), una doppia figura materna (la madre naturale e quella "affidataria"), i fratelli.

Il tema della maternità si inserisce in maniera imponente ne *La Storia*, nelle sue diverse accezioni e componenti. Come ripreso da Petrignani, si tratta di una maternità non edulcorata né bucolica,

[99]*«la madre, le madri, come lei drammaticamente le vide, le amò, le patì, le trasfigurò poeticamente fino a sfiorare un delirio di annegamento e di terrore.*

[...] La grande immagine primitiva che torna in ogni libro di Elsa Morante ha un nome imponente e preciso: si chiama Madre e, come nelle favole, assume le sembianze a volte di madre-fata, a volte di madre-matrigna, a volte di fata e matrigna insieme. Nessun altro scrittore ha saputo sondare l'inferno/paradiso del materno con altrettanta lucidità, disperazione e ferocia. I miti sono feroci ed Elsa Morante è stata narratrice crudele nello svelare, senza addolcimenti di maniera, il contenuto profondo, barbaro e violento della maternità.»

[99] S. PETRIGNANI, *Madre barbara e carnale*, in *Elsa Morante a cento anni dalla nascita*, Rassegna stampa disponibile presso Biblioteca Civica e Centro Donna, Venezia, novembre 2012, pag.22.

Da un lato infatti è possibile vedere come l'amore materno funga da collante tra Ida e i figli, sia la causa che la spinge a superare le fatiche e le tragedie della Guerra, la trasformi in un essere disposto a tutto pur di sfamare le proprie creature, legandosi a loro di un amore corporale, viscerale. Dall'altra questa figura materna, fragile e disperata, non sarà in grado di proteggere veramente i propri figli, ma sopravviverà loro alla fine del romanzo, finendo per impazzire a causa del dolore causato dalla loro perdita.

Prosegue ancora Petrignani:

«Che il rapporto sia idilliaco e appassionato o carico di odio e incomprensione non fa differenza. L'esistenza è comunque un'illusione destinata provvisoriamente a velare la verità della morte; la bellezza è illusione, maschera temporanea della putrefazione del cadavere; la giovinezza è illusione, aspettativa leopardianamente vana di una festa che non verrà o verrà deludente e mortuaria. Forse nessun altro scrittore, se non Kafka, aveva voltato il pugnale nella piaga con altrettanta crudezza e senza mediazioni.»

È come se, nonostante tanto combattere e agitarsi, di fatto la madre fallisse nel suo compito primordiale di protezione e salvezza verso i propri figli che, alla fine, saranno comunque vittime del destino. La stessa madre, combattente e inarrestabile nel suo tentativo di preservare la specie, sarà vittima in qualche modo dello stesso tragico destino, così come sua madre prima di lei.

[100]*«Ma le madri morantiane, a loro volta figlie beffate di altre tragiche madri, vivono drammaticamente, quanto i loro figli, la condizione di divinità decadute, il misterioso segreto dell'ambiguo potere generativo. Si oppongono insensatamente alla morte delle loro creature, rivendicando un tramontato possesso, come donna Concetta in Menzogna e sortilegio o Ida Ramundo in La Storia».*

Non è quindi un quadro idilliaco quello della maternità in Morante, quanto piuttosto l'esempio primordiale e animale della nascita e della

---

[100]   S. PETRIGNANI, *Madre barbara e carnale*, in *Elsa Morante a cento anni dalla nascita*, Rassegna stampa disponibile presso Biblioteca Civica e Centro Donna, Venezia, novembre 2012.

lotta per la sopravvivenza.

[101]*«L'opera di Elsa Morante è piena di madri e di bambini, non certo raffigurazione della serafica iconografia classica sull'argomento. Le sue madri non sono mai madonne, sono donne vere con tutte le loro contraddizioni. Sono madri che amano fino al parossismo le loro creature (la madre del "Butterato" e donna Concetta in Menzogna e sortilegio, Ida ne La Storia). Il rapporto madre/figlio è per Elsa Morante l'archetipo in cui si riassume tutto: la contraddizione morte/vita, la condizione comune di abbandonati (da Dio?) cui partecipa tanto l'umanità quanto il mondo animale (più felice però perché senza consapevolezza).»*

In questa lotta la madre "umana" (Ida), condivide con una madre putativa (la cagna Bella), la responsabilità e la cura del piccolo Useppe. Il bambino infatti trova in Bella, come vedremo nel capitolo successivo di questa tesi, la madre aggiuntiva che si prenderà cura di lui e lo proteggerà, in assenza di Ida. È un accordo implicito quello tra Ida e Bella, un'alleanza riconosciuta ma silenziosa, non concorrenziale, né divisiva, ma complice.

In questa esaltazione della maternità, come dicevamo, Morante analizza non solo gli aspetti mitizzati dell'amore incondizionato e della devozione ma si sofferma anche in maniera esplicita e cruda sul corpo femminile, indagandolo, restituendolo al lettore in tutta la sua "nudità".

Vengono infatti inseriti molti passaggi legati alla fisicità e agli aspetti fisiologici della donna, dalle mestruazioni al parto, descritti nella loro realtà e crudezza, quasi a voler recuperare il valore generativo che il corpo femminile porta con sé. Ma in questa fisicità Ida è a disagio, si vergogna,

[102]*«Essa non aveva mai avuto confidenza col proprio corpo, al punto che non lo guardava nemmeno quando si lavava. Il suo corpo era cresciuto con lei come un estraneo; e neppure nella sua prima giovinezza non era mai stato bello, grosso alle caviglie, con le spalle esili e il petto precocemente sfiorito. L'unica gravidanza sofferta era bastata, come una malattia, a deformarlo per sempre; e in seguito, con*

[101] S. PETRIGNANI, *Elsa Morante: una vita, una storia infinita* in *Elsa Morante a cento anni dalla nascita*, Rassegna stampa disponibile presso Biblioteca Civica e Centro Donna, Venezia, novembre 2012, pag. 28.

[102] E. MORANTE, *La Storia*, Einaudi, Torino, 1974, pag. 83.

la vedovanza, lei non aveva pensato più che qualcuno potesse usarlo come un corpo di donna, per farci l'amore. Con quella sua eccessiva gravezza dei fianchi, e patito nel resto delle membra, esso le era diventato, oramai, solo un peso di fatica.»

Anche durante il parto Ida esita a mostrarsi alla levatrice, in un misto di spavento e pudore che risulta quasi ridicolo.

[103]*«E cominciò a torcersi e a urlare; mentre Ezechiele, pratica e rassicurante, andava liberandola dai vestiti. Ma Ida, pur negli spasimi, era quasi atterrita all'idea di mostrarsi nuda; e andava annaspando per coprirsi col lenzuolo.»*

La fisicità è la nota che prevale nella descrizione della Morante, che arriva a paragonare Ida ad un animale

[104]*«Quanto a lei medesima, rimase, dal parto, così smunta, da sembrare una cagna randagia che s'è sgravata in un angolo della strada.»*

Una maternità quella di Ida che fino all'ultimo proverà a contrastare la legge del destino, difendendo le sue creature ad oltranza e provando a tenerle legate a sé il più possibile. Ma questo tentativo sarà inutile. Al termine di una battaglia senza tregua contro la Storia e le sue personali paure, Ida dovrà arrendersi alla morte dei suoi due figli.

Sottolineò così Bernabò

[105]*«Tuttavia, nelle opere della Morante, come nella sua vita, i personaggi femminili non riescono ad essere fino in fondo salvifici, in quanto sono minati alla base dalla loro debolezza o meglio, da quella debolezza che è loro attribuita dall'autrice.»*

Ma se la figura materna fallisce nel suo compito, pur avendo tentato in ogni modo di salvare le sue creature, che ne è dei padri?

Emerge prepotentemente in tutto il romanzo il ruolo defilato, o addirittura assente dei padri, lasciati sullo sfondo e mai coinvolti nella vita dei figli. In alcuni casi sono figure mai esistite o morte prematuramente, in altri sono lontani, al fronte. In entrambe le situazioni tocca alle madri il compito della preservazione della specie e

---

[103]   E. MORANTE, *La Storia*, Einaudi, Torino, 1974, pag 94.
[104]   E. MORANTE, *La Storia*, Einaudi, Torino, 1974, pag 95.
[105]   G. BERNABÒ, *Come leggere La Storia di Elsa Morante*, Mursia, Milano, 1991, pag. 10.

del suo nutrimento. Quando, nei casi più estremi, non sono agenti di specifica violenza nei confronti delle madri: è il caso di Useppe, figlio nato da uno stupro, e delle gemelle di Carulì, la ragazzina che senza sapere come né quando, rimane incinta di uno sconosciuto.

Quanto le vicende personali della Morante con i suoi due padri, uno naturale ma assente e uno putativo ma debole e fragile, abbiano influito sulla trama si può solo supporre. Il rapporto di Elsa con i suoi due padri fu un elemento importante che caratterizzò la sua storia di figlia prima e di donna poi. Mentre il Lo Monaco è descritto come uomo dal fascino rude, ma donnaiolo e sfuggente, il padre acquisito è dipinto come una figura particolare. Secondo quanto riportato da Rossana Dedola nel suo *"Elsa Morante. L'Incantatrice."*[106] Augusto Morante fu infatti un istitutore all'Ospizio di San Michele a Roma, che ospitava donne cadute in disgrazia o artefici di delitti di varia natura e bambini "delinquenti" che, a partire dai 9 anni, potevano essere reclusi in celle per la "correzione". Il Morante ricopriva quindi un ruolo autoritario, a volte coercitivo, che strideva con le convinzioni e gli orientamenti montessoriani della moglie Irma, stimata e apprezzata insegnante che aveva avuto un ruolo importante nella diffusione del *Metodo* di Maria Montessori a Roma. Quest'uomo così autoritario fuori casa, nel contesto familiare subiva però la forte pressione e volontà della moglie e accettava di buon grado ogni sua richiesta, pur di mantenere agli occhi della società, l'immagine di famiglia unita e borghese.

La stessa Dedola riporta anche un episodio mai denunciato direttamente da Elsa Morante ma che pare trasparire da alcune sue memorie letterarie e in alcuni suoi racconti e che richiama un possibile maltrattamento a scopo sessuale che il Morante avrebbe agito nei confronti di Elsa e che pare la spinse a lasciare la casa famigliare molto giovane.[107]

Di sicuro il tema della paternità era già stato trattato dalla scrittrice prima de *La Storia*.

Dice Barenghi nel suo lavoro:

[108]*«Bref, nell'universo della Storia ci sono molte madri (ancorché spesso immature o inermi, e bisognose esse stessi di assistenza e*

---

[106] R. DEDOLA, *Elsa Morante. L'incantatrice*, Lindau srl, Torino, 2022.

[107] R. DEDOLA, *Elsa Morante. L'incantatrice*, Lindau srl, Torino, 2022.

[108] M. BARENGHI, *Tutti i nomi di Useppe. Saggio sui personaggi della «Storia» di Elsa Morante*, in *Studi novecenteschi*, 2001, vol. N. 2, pag.372.

conforto), mentre i padri sono senza eccezione figure transitorie, evanescenti, ipotetiche»

Quindi, al posto dei padri, figure inesistenti o poco significative nella vita dei protagonisti, emergono molte madri, di tutte le età e tipologie: giovanissime ragazze, donne mature e sfinite, ma anche animali (la cagna Bella su tutte), che condividono con le *femmine umane* il senso della maternità e della protezione.

Disse infatti Garboli, nella sua prefazione per Einaudi editore all'opera:

[109]*«Fra i tanti rami del narrare in cui questo autore è maestro, fa difetto alla Morante proprio il regno dei maschi che diventano adulti. Con gli animali, le donne, i bambini, gli adolescenti, la Morante si muove da regina. Ma gli uomini fatti (quando non siano caratteristi, o esseri alla deriva) non li sente e non la riguardano.»*

E infatti il maschile pare tollerato dalla Morante solo quando legato all'infanzia e all'adolescenza, a quella parte irruenta e spudorata, irriverente e sognatrice che appartiene a quella fase della vita non ancora adulta.

2.4.3 - L'amore per l'infanzia

L'amore di Morante per l'infanzia nacque anche in questo caso dalla sua esperienza autobiografica e dalla sua passione precoce per la narrativa infantile, nella quale si cimentò già all'inizio della sua carriera.

L'infanzia passata con i fratelli, i giochi e le letture che l'autrice proponeva loro, furono sicuramente preludio del suo amore per l'infanzia, alla quale dedicò molta parte delle sue prima opere. Nei numerosi racconti prima, nei romanzi poi, l'attenzione ai bambini, alla loro esperienza di vita e di crescita, alla loro particolare "visione" del mondo, riempì le pagine delle sue opere, dalle quali trasparì l'evidente "vicinanza" ideale dell'autrice a bambini e ragazzi.

La scrittura di novelle fu sicuramente una "palestra" di apprendistato della letteratura che le consentì di sperimentarsi con contenuti e registri linguistici differenti prima di arrivare al romanzo.

[109]   C. GARBOLI, Introduzione a *La Storia*, Einaudi, Torino, prima edizione 1974, ultima edizione 2014, pag XVIII.

La definizione di personaggi un po' buffi e fatati strideva con gli elementi narrativi inneggiati dalla propaganda fascista dell'epoca riservata ai bambini, come ben sostenuto anche da Giovanna Rosa nel suo libro dedicato all'autrice e pubblicato da Il Mulino, e lasciò il passo a partire dagli anni Trenta ai racconti, che si rivolsero non più ai bambini ma ad un pubblico adulto.

La sua capacità di fotografare gli stati d'animo, le fragilità ma anche l'inarrestabile intraprendenza dei bambini e dei giovani la avvicinò a questo periodo della vita come ad una sorta di miraggio di un mondo perduto al quale in qualche modo ritornare.

Perché per Morante era chiaro che solo i bambini e i ragazzi in qualche misura fossero i portatori della verità della Storia, della trasparenza e purezza del pensiero, che, a differenza degli adulti, non era mosso da brame di potere e opportunismo, ma mirava alla profondità delle cose e alla autenticità dei legami.

È come se vi fosse in Morante la volontà di respingere l'età adulta per regredire allo stato infantile, alla continua ricerca di quella limpidezza che per la scrittrice apparteneva ai bambini, agli animali e ai *Felici Pochi*, ovvero quella categoria di adulti rimasti un po' bambini.

Eugenia Roccella ha così sintetizzato questo sguardo dell'autrice:

[110]*«La maturità, per la Morante, è un peccato senza redenzione, che raggiunge quasi ogni essere umano, e che non ha nessuna connotazione positiva. I Felici Pochi, infatti, sono morti giovani, o anche nell'estrema vecchiezza sono riusciti senza sforzo alcuno a mantenere un'anima infantile, uno sguardo di irriducibile candore. La maturità che porta a patteggiamenti col reale, a saggi compromessi col mondo, è solo un abbaglio da Infelici Molti.»*

e ancora:

«I ragazzini chiamati a salvare il mondo sono i "Felici Pochi", innocenti di pasoliniana inconsapevolezza (o forse è vero il contrario, sono i ragazzi di Pasolini ad avere, qui e là, tratti morantiani). Sono coloro a cui l'eterna adolescenza, la semplicità d'animo, negano ogni possibile realismo d'accatto, ogni mercimonio con il potere, coloro il cui sguardo resta sempre capace di incanto. È questa la natura anche

---

[110] E.ROCCELLA, *Elsa Morante*, in *150 anni* (1861/2011), https://www.150anni.it/webi/stampa.php?wid=2030&stampa=1.

dei protagonisti-vittime della Storia, che esce nel '74.»

Ma se questa purezza d'animo fu la condizione amata e sostenuta dalla Morante nelle sue opere, è pur vero che si trattava comunque di una condizione destinata a fallire, a non resistere alle angherie e alla prepotenza del potere e dei più forti.

Ne *La Storia* questo aspetto emerge in maniera chiara nel destino mai realizzato dei personaggi. I protagonisti infatti sono destinati a soccombere, a piegarsi alla realtà: il romanzo, nonostante una prima parte costruita su una base di profonda resilienza e speranza che sembra emergere dai personaggi principali (Ida, Useppe, Nino), e per i quali traspare l'assoluta vicinanza e affetto della Morante, nella seconda parte, quando ormai la guerra è terminata e, almeno idealmente dovrebbe aprirsi un periodo di pace e rinascita per tutti, pare far subire agli stessi personaggi una parabola discendente che li porterà alla morte. È come se fosse precluso loro un futuro, una speranza di sopravvivenza.

Bruno Schacherl, in un articolo apparso nell'agosto 1974 sulla rivista Rinascita, riportò a tale proposito:

[111]*«E non è la Storia a fare strame di queste umili creature, nonostante che su questa tesi si basi tutto l'assunto del libro e che le sue pagine più felici rechino-sia pure come incastonate ed estranee-le tracce degli infiniti dolori ed infelicità reali, storiche; ma è la loro stessa incapacità di vivere e non d'essere soltanto vissuti.»*

Così anche lo stesso Garboli, nella sua Introduzione al romanzo pubblicato per Einaudi editore, sottolineò:

[112]*«I personaggi della Storia sono concepiti fin dalla loro origine come persone che oggi non potrebbero esistere più. I loro destini riemergono dopo un lungo oblio; e sono destini insignificanti, tanto più insignificanti quanto più s'intrecciano a d altri innumerevoli destini altrettanto significanti. La Morante non li fa rivivere; li racconta come se i titolari di quei destini, oggi così incomprensibili, fossero ancora vivi. Si comporta coi suoi personaggi come una tigre coi cuccioli; li*

---

[111]   B, SCHACHERL, *Il mito di Useppe e il romanzo popolare*, in *Rinascita*, 23/08/1974.
[112]   C. GARBOLI, Introduzione a *La Storia*, Einaudi, Torino, prima edizione 1974, ultima edizione 2014, pag XXIV.

protegge, li difende dalla peste «storica», ma senza mai l'aria di resuscitarli.»

Lo stesso Cimatti, in un articolo apparso su "Il Messaggero" il 22/07/1974,

[113]*«Non c'è scampo per nessuno dei personaggi, protagonisti o comprimari, de La Storia non si salva un cane dalla morte fulminante o implorata; all'ultima pagina la scena è vuota»*

2.5 - Mondo umano e mondo animale ne "La Storia"

La vicinanza della Morante agli animali derivò anch'esso dalla sua esperienza personale (si veda il suo noto amore per gatti, ai quali dedicò anche una poesia e un passaggio all'interno di *Menzogna e Sortilegio*).

Si narra di come, durante le sue lunghe passeggiate romane, la scrittrice fosse solita portare con sé del cibo per nutrire i gatti randagi della città e di come li ritenesse i migliori amici per l'uomo, perché affini a lei caratterialmente e discreti, indipendenti. Molti furono i passi delle opere morantiane in cui gli animali emersero come personaggi delle trame.

In generale l'approccio di Elsa Morante al mondo animale avviene ne *La Storia* su due livelli:
- l'elezione degli animali a veri e propri co-protagonisti della storia, dotati di vita propria e capacità sovrannaturali, a volte magiche;
- la presenza di tratti riconducibili al mondo animale nel carattere dei personaggi "umani".

Nel primo caso si assiste all'inserimento nella narrazione di sotto-narrazioni collegate alle storie degli animali, considerati, alla stregua di esseri umani, quindi veri e propri personaggi dotati di sentimenti, facoltà e volontà.

È il caso della gatta Rossella e del cagnolino Blitz, dei canarini, ma soprattutto della cagna Bella, madre putativa di Useppe e fedele amica con cui condividere avventure e drammi.

---

[113] P. Cimatti, *Una strage di «creature»*, in *Il Messaggero*, 22/07/1974.

[114]*«Bella difatti – a differenza di Blitz – fino dal primo giorno s'era presa, per Useppe, d'un amore diverso che per Nino. Verso il grande Nino, essa si portava come una compagna schiava; e verso il piccolo Useppe, invece, come una protettrice e una sorvegliante. Ora, l'arrivo della sua nuova madre Bella fu una fortuna per Useppe: giacché attualmente sua madre Iduzza non solo era vecchia (tanto che certi estranei vedendola assieme a lui, la presumevano sua nonna), ma anche, nella condotta, strana e rimbambita.»*

Questa vicinanza tra il mondo animale e quello umano viene tradotta dall'autrice con l'utilizzo dell'elemento narrativo del linguaggio attraverso cui i vari personaggi comunicano. Esiste infatti un doppio registro linguistico, compreso ed utilizzato sia da alcuni esseri umani che dagli animali del romanzo, che consente una comunicazione privilegiata con i personaggi "speciali" della trama, dotati di questa particolare abilità (Useppe tra tutti).

Nel secondo caso l'autrice utilizza spesso il paragone con il regno animale per descrivere al meglio la pulsionalità, la carnalità dei personaggi, legando con un filo invisibile uomo e animale e compiendo un'operazione che allo stesso momento innalza il mondo animale a quello umano e rende più veri e spontanei gli umani accostandoli al mondo animale. Un tentativo, forse, di rendere gli uomini più puri ed istintivi di fronte alla vita, in contrapposizione con i sentimenti alla base del potere e dell'arrivismo che muovono, in contrapposizione, la Storia dei potenti. Così, ad esempio, viene presentata Ida all'inizio del romanzo:

[115]*«[…] la stranezza di quegli occhi ricordava l'idiozia misteriosa degli animali, i quali non la con la mente, ma con un senso dei loro corpi vulnerabili, «sanno» il passato e il futuro di ogni destino. Chiamerei quel senso – che in loro è comune, e confuso negli altri sensi corporei – il senso del sacro: intendendosi, da loro, per sacro, il potere universale che può mangiarli e annientarli, per la loro colpa di essere nati».*

E allora tra umani e animali si instaura una sorta di alleanza, a volte esplicitata e a volte no, grazie alla quale è possibile sostenersi a vicenda

[114]   E. MORANTE, *La Storia*, Einaudi, Torino, 1974, pag 474.
[115]   E. MORANTE, *La Storia*, Einaudi, Torino, 1974, pag 21.

nell'affrontare le fatiche della vita e condividere il "fardello" dell'esistenza, soprattutto in tempo di guerra.

Ancor più evidente è questa alleanza quando gli aspetti in comune riguardano quella purezza d'animo e di intenti spesso associata dalla Morante ai bambini e allo stesso modo agli animali. Rileva a tale proposito Barenghi come

[116]*«Un equivalente dello stato infantile, occorre aggiungere, è la condizione degli animali. [...]. Ma nella Storia le analogie zoologiche e zoomorfiche, che molto spesso chiamano in causa creature di età tenera o acerba, davvero non si contano. [...] Beninteso, la comunione ideale tra animali e bambini trae sostanza dalla solidale opposizione all'età adulta»*

e ancora Prosperi e Magrini ritornano su questa comune "precognizione" che sembra unire idioti, bambini e animali, i cosiddetti *Felici Pochi* citati da Morante:

[117]*Innocenza, stoltezza, barbarie — nel senso del buon selvaggio — natura, animali: contro la storia, sta la barbarie: e la barbarie è la condizione per partecipare della vera conoscenza, quella'precognizione'che appartiene agli animali, ai bambini, agli idioti — "l'idiozia misteriosa degli animali".*

2.6 - Elsa Morante e la lettura di Simone Weil

Le opere della seconda parte della produzione di Elsa Morante, secondo quanto riportato da Concetta D'Angeli:

[118]*«[...] sono siglate da presenze culturali, la cui incidenza appare ragguardevole e costante: mi riferisco all'affinità emotiva e intellettuale per il pensiero di Simone Weil, ma anche all'interesse per le filosofie e le letterature orientali, in particolare d'area buddista: in*

---

[116] M. BARENGHI, *Tutti i nomi di Useppe. Saggio sui personaggi della «Storia» di Elsa Morante*, in *Studi novecenteschi*, 2001, vol. N. 2, pag.375-376.

[117] A. PROSPERI e G. MAGRINI, *"La Storia" di Elsa Morante*, in *Elsa Morante a cento anni dalla nascita, Rassegna stampa* disponibile presso *Biblioteca Civica e Centro Donna*, Venezia, novembre 2012, pag. 67.

[118] C. D'ANGELI, *Leggere Elsa Morante*, Carocci Editore, Roma, 2017, pag 7.

assenza di tali riferimenti culturali è difficile decifrare in modi persuasivi molte immagini e molti concetti ricorrenti in questa zona della produzione morantiana.»

Nello specifico ci soffermeremo sull'influenza che ebbe, a partire dai primi anni Sessanta, l'incontro tra Elsa Morante e le opere di Simone Weil. Quasi tutti i critici sono concordi nell'affermare che l'evento della morte prematura dell'amico Morrow nel 1962 ebbe l'effetto di portare la Morante a confrontarsi con il dolore profondo e di ricercare nella comunanza del dolore la vicinanza all'altro, la comprensione della tragedia della morte e l'importanza della solidarietà in vita.

Il nome della Weil era conosciuto tra la sinistra intellettuale italiana già dagli anni Cinquanta, grazie alla traduzione dal francese dell'opera *La condition ouvrière*[119] (raccolta di appunti e lettere dedicata alla situazione del lavoro in fabbrica, con particolare riferimento all'esperienza personale dell'autrice, che scelse di impiegarsi come manovale nel dicembre 1934, lavorando otto mesi nelle grandi industrie francesi, per fare esperienza diretta della vita operaia) e dei *Quaderni* (scritti tra il 1940 e il 1942).

Secondo Dedola l'incontro con gli scritti di Weil avvenne in questo contesto: Morante lesse con fervore molte delle opere della scrittrice francese, sottolineando passaggi ritenuti importanti e riempiendo i testi di annotazioni. Riporta Dedola come:

[120]*«I passi sottolineati sono quelli in cui Simone parla dell'attaccamento che crea dolore, della morte che dà significato alla vita, dello scontro con i propri confini e dell'impossibilità di andare avanti senza un intervento soprannaturale. [...].*

Le sue conclusioni sul vuoto e sull'accettazione del vuoto lasciano intravedere che solo nella notte oscura è possibile ricevere la grazia[...] È un rischio necessario, scrive Simone Weil: «Per raggiungere il distacco totale, non basta l'infelicità. E' necessaria un'infelicità senza consolazione».»

Della Weil Morante apprezza e condivide anche la sua visione della Storia come scenario totalizzante in cui il Potere prevale, e la sua

---

119   Cit. fonte Wikipedia
120   R. DEDOLA, *Elsa Morante. L'incantatrice*, Lindau srl, Torino, 2022, pag 340.

capacità di stare sempre dalla parte degli oppressi, anche se questo apporta sofferenza e spesso, come nel caso di Weil, la morte. L'autrice francese viene spesso citata, con termini affettuosi, all'interno di alcune opere della Morante, anche con riferimento alla sua biografia e alla sua fine tragica. Simone Weil morì infatti di inedia, dopo aver scelto volontariamente di vivere in condizioni precarie per espiare una sorta di senso di colpa che le derivava dall'essersi salvata, a differenza di altri, dallo sterminio del popolo ebraico durante la guerra.

Riporta sempre D'Angeli come la Weil esercitò:

[121]*«[...]quel suo ostinato porsi in condizione di capro espiatorio per colpe che non le appartenevano, ma che ha voluto prendere su di sé. Intorno al tema della colpa e dell'innocenza nasce la caratterizzazione del "caprettino" Useppe nella Storia e, più in genere, tutta la problematica dalla quale il romanzo è informato.»*

Già a partire da *Il Mondo Salvato dai ragazzini*, Elsa Morante aveva dimostrato una forte ammirazione e stima per la collega francese, tanto da includerla nell'elenco dei dieci Felici Pochi, insieme ad artisti, filosofi e figure importanti quali Mozart, Spinoza, Gramsci Giovanna d'Arco, Giordano Bruno, Platone, Rembrandt, Bellini, Rimbaud. Come riporta Giuliana Zagra:

[122]*«Morante vede nella coerenza estrema e nell'esempio testimoniale della Weil un modello supremo e irraggiungibile a cui tendere. Ammira la sua straordinaria capacità di far corrispondere al pensiero i fatti, di dare sostanza alle parole»*

L'influenza della Weil si inserisce ne La Storia su più livelli:
- a livello narrativo attraverso la visione della Storia come un evento non lineare ma ciclico che si rigenera epoca dopo epoca e che si muove, sin dagli antichi greci, secondo un percorso che vede il Potere come motore assoluto delle azioni degli umani.

---

[121] C. D'ANGELI, *Leggere Elsa Morante*, Carocci Editore, Roma, 2017, pag 83.
[122] G. ZAGRA, *La Storia "come un Iliade dei giorni nostri"*, in AA.VV. *Elsa Morante: Mito e letteratura*, a cura di Lucia DELL'AIA, Ledizioni, Milano, 2021, pag 103.

Un Potere che come abbiamo già visto, tutto travolge e annienta;

- a livello dei personaggi portatori dell'esempio di vita e di pensiero della Weil, e per molti tratti, della stessa Morante. La Morante ha operato infatti ne *La Storia* un'associazione evidente tra il personaggio di Davide e le vicende ed il pensiero di Simone Weil.

Altro tema importante che Morante riprende da Weil e che viene riportato nel romanzo è, anche a detta di D'Angeli, il tema del *male*.

Il personaggio che, più di tutti, porta sul proprio corpo i segni del male, quale "vittima" predestinata della Storia è sicuramente Useppe. Analizzeremo nel dettaglio la figura di questo bambino e della sua crescita nel prossimo capitolo di questo lavoro, ma risulta importante a mio parere fare qui un inciso importante perché il tema del male e del capro espiatorio come abbiamo visto caratterizza l'esperienza personale ed artistica di Weil che più volte sarà ripresa dalla stessa Morante nelle sue opere.

Useppe al pari di Davide, vive sulla propria pelle il peso del male del mondo e tenterà sino ai suoi ultimi giorni di sfuggire alla sua sorte ricercando nella bellezza del mondo e delle creature che lo abitano una fonte di felicità. Per contro la straordinarietà della natura di questo personaggio allegro e curioso gli causerà anche la capacità (innata in lui ma non negli altri) di riuscire a vedere dietro alla realtà l'essenza dell'orrore della Storia. È come se il male del mondo invadesse il corpo di Useppe per trasformarlo, attraverso la malattia, in un essere sacrificale. E questo causa nel bambino sofferenze, fisiche e psichiche, ed una serie di interrogativi irrisolti, che D'Angeli trova molto rassomiglianti a quanto trattato dalla Weil nei suoi *Quaderni*, soprattutto nella famosa domanda "Perché?" che sia nella Weil che in Useppe tenta di dare risposta alle ragioni che spingono il male.

[123]*«Grido della sofferenza. Perché?. Risuona in tutta l'Iliade. Testamento spagnolo. Anche il cristo. Spiegare la sofferenza vuol dire consolarla; essa non deve essere dunque spiegata. Da qui il valore eminente della sofferenza degli innocenti (Quaderni, II, pag. 154)*

E con perfetto parallelismo, in una commovente pagina della Storia

---

[123] C. D'Angeli, *Leggere Elsa Morante,* Carocci Editore, Roma, 2017, pag 93-94.

Con lo stupore di una bestiola, disse in una voce disperata: "A mà...pecché?"[...]Quella domanda: pecché? era diventata in Useppe una sorta di ritornello, che gli tornava alle labbra fuori tempo e fuori luogo[...] Ma per quanto sapesse d'automatismo, questa piccola domanda aveva un suono testardo e lacerante, piuttosto animalesco che umano. » (pagg. 841-2)

Ma, anche di fronte a questa consapevolezza di un'esistenza in bilico tra l'istinto di sopravvivenza e l'abbandono alla condanna del destino il romanzo sembra comunque chiudersi con un messaggio di speranza, che la Morante prende a prestito da un carcerato della Casa Penale di Turi di Bari, che si rivelerà essere Antonio Gramsci. La frase è estrapolata da una delle lettere che compongono i *Quaderni,* scritte dal carcere alla cognata Tatiana e alla moglie Giulia, e, pur riferita alle piante che Gramsci coltivava in carcere, sembra qui richiamare un più simbolico messaggio di speranza.

[124]*«Tutti i semi sono falliti eccetto uno, che non so cosa sia, ma che probabilmente è un fiore e non un'erbaccia".*

---

[124]   E. MORANTE, *La Storia*, Einaudi, Torino, 1974, pag 657.

Capitolo terzo

Useppe, "pischelletto e fanciullo divino"

Il piano di analisi che ha guidato il presente lavoro e che, a mio parere, attraversa tutto il romanzo, è il contrasto emergente, nella figura di Useppe, tra la crescita evolutiva del personaggio (rilevabile dalla descrizione del bambino e delle sue tappe di sviluppo), più legata ad un approccio realistico alla trama, e gli aspetti "straordinari" che il bambino sembra mostrare al mondo, indipendentemente dalla sua età anagrafica, più legati ad una esigenza letteraria.

È come se il romanzo si sviluppasse su due dimensioni parallele che fanno di Useppe un caso singolare. Accanto infatti alle descrizioni della crescita di un bambino dalla nascita ai sei anni (anno della morte), e delle relative tappe evolutive, che possono essere analizzate sotto il profilo psico-pedagogico (nascita, attaccamento, scoperta, prima infanzia, ecc.) e che ritraggono l'essere umano in relazione al suo contesto di vita (la famiglia, la guerra, la povertà, la malattia), è possibile attuare un secondo livello di analisi, nel quale cogliere eventi e caratteristiche "non ordinari", che distinguono il personaggio per la loro poca adesione alla realtà e vicinanza a questioni e tratti più filosofici e metafisici, una sorta di "investitura" che lo rende speciale agli occhi dei lettori, quasi fosse un "prescelto", portatore di un messaggio sacro.

Il senso di questa doppia analisi può essere racchiuso nella definizione che viene data del bambino dalla Morante stessa, che utilizza sia il termine *pischelletto* (termine dialettale di area laziale per designare "ragazzo", già utilizzato da Pier Paolo Pasolini n.d.r) che quello di *fanciullo divino*, quasi a definire la doppia valenza del personaggio e il convivere in lui di un aspetto *umano* e di uno *divino*.

Queste due dimensioni appaiono chiaramente nella trama: a volte prevale l'aspetto realistico, altre volte quello letterario. In alcuni momenti le due nature possono anche coesistere (come nel caso degli attacchi epilettici), e il bambino sembra oscillare tra una condizione di patologia e una di visione metafisica.

Questa distinzione è determinante per comprendere come questo lavoro di tesi abbia indagato in maniera rilevante sul primo piano di sviluppo (quello psico-pedagogico) e meno sul secondo, per evidenti ragioni. Tuttavia, nel corso dell'elaborato potrà capitare di dover attingere anche al rimando più "letterario" del secondo piano, perché funzionale al lavoro stesso.

In questo senso è importante sottolineare come si sia discusso molto sull'accostamento presunto della figura di Useppe all'immagine del Gesù cristiano. Come Cristo, Useppe è stato definito da molti critici la reincarnazione dell'uomo votato al sacrificio per gli altri, il martire in vita a cui sono riservate tutte le sofferenze. Lazzari in merito a questa lettura riporta che:

[125]*«La vita di Useppe è, per molti aspetti, associata a quella di Gesù. Probabilmente era intenzione dell'autrice dare un ritratto immacolato e spiritualizzato del bambino, considerato come agnus dei, la cui vita viene sacrificata per la salvezza dell'umanità.»*

Fatte queste dovute premesse, risulterà più semplice quindi accostarsi alla vicenda del piccolo Useppe e seguirne gli sviluppi e le tappe. Per comodità di esposizione proverò a seguire, per l'analisi del personaggio, l'ordine cronologico dei capitoli del romanzo, tentando di delineare le tappe dello sviluppo di Useppe estrapolandole da alcuni passaggi e situazioni particolarmente incisivi della storia: parallelamente, mi soffermerò su quelle tematiche che consentono di evidenziare meglio il percorso di crescita del bambino e lo stesso legame con il contesto familiare, storico e ambientale in cui Useppe è calato.

3.1 – 1941: Gravidanza e primi mesi

Come anticipato nel capitolo precedente, la maternità di Ida è frutto di una violenza e come tale va considerata, anche alla luce delle conseguenze che il fatto avrà sul personaggio e sulla sua evoluzione.

---

[125] L. LAZZARI, *Le relazioni madre-figlia e madre-figlio in due romanzi di Elsa Morante: "La Storia" e "Menzogna e sortilegio"*, da *Rivista svizzera delle letterature romanze*, Zurigo, gennaio 2006, pag 256, https://www.e-periodica.ch/digbib/view?pid=ver-001:2006:52::250#251.

Emerge subito come questa gravidanza non voluta sia da nascondere al mondo e faccia riemergere in Ida le antiche paure infantili e il suo costante bisogno di protezione, riproducendo nei confronti del bambino che attende uno stile di attaccamento ansioso che lei stessa aveva vissuto con i propri genitori e che tende a riproporre nel suo ruolo di madre. Lo stesso Bowlby, nel suo lavoro del 1989[126], sottolinea come i sentimenti di una madre siano profondamente influenzati dalle sue esperienze personali, specialmente quelle che ha avuto con i propri genitori, durante l'infanzia. Questa sorta di trasmissione dell'attaccamento tra generazioni non risulta adeguatamente compensato dalle relazioni personali e sociali che Ida si ritroverà a vivere in età adulta, contribuendo ad amplificare le sue ansie e le sue paure irrisolte. La donna non può confidare a nessuno quanto le è accaduto, perché non ha amici né parenti. L'unica sua famiglia è rappresentata dal figlio Nino, al quale nasconde la violenza subita e a cui non riuscirà a dire del bambino sino al momento in cui il ragazzo, tornato a casa, troverà Useppe neonato in un lettino. Inoltre, Ida, ritrovatasi sola e incinta in periodo di guerra, non riuscirà, almeno inizialmente, ad intravedere un futuro per sé ed il bambino.

Ida emerge dalle prime descrizioni in apertura di romanzo come una donna estremamente fragile e provata dalla vita, che si trova in un periodo particolarmente difficile, perché vedova, sola con un figlio, nel bel mezzo di una guerra, senza familiari o amici particolari su cui poter fare affidamento. E ciò si ripercuote inevitabilmente sulla gravidanza, che, conseguenza della violenza subita, diventa l'ennesimo fardello da portare e nascondere alla vista degli altri, considerati sempre giudicanti, ancor più in un contesto storico che fa di lei, ebrea, una vittima predestinata.

Ida rappresenta qui, come sostenuto da Barenghi[127], la prima *madre-piccola* del romanzo, ovvero quell'esempio di creatura mai cresciuta e rimasta ancorata al ricordo e alla condizione di bambina, orfana di quel periodo della vita al quale si desidera tornare, per sentirsi nuovamente protetta. E come lei più avanti incontreremo Carolina, la giovane Patrizia, persino la gatta Rossella, tutte legate da una maternità solitaria, vissuta senza compagni al fianco, emblemi del coraggio e delle

[126] J. BOWLBY, *Una base sicura. Applicazioni cliniche della teoria dell'attaccamento*, Raffaella Cortina Editore, Milano, 1989.

[127] M. BARENGHI, *Tutti i nomi di Useppe. Saggio sui personaggi della «Storia» di Elsa Morante*, in *Studi novecenteschi*, 2001, vol. N. 2.

difficoltà femminili, soggetti fragili costretti a trovare in sé la forza per affrontare la vita, simboli del materno in perenne lotta per la salvaguardia della specie.

[128]*«dopo la sparizione successiva di Giuseppe e Alfio, essa si trovava esposta definitivamente alla paura, perché il suo era il caso di una rimasta sempre bambina, senza più nessun padre...»*
[129]*«Mai la incuriosiva, come le altre madri, l'enigma se fosse maschio o femmina. Nel suo caso persino questa curiosità le sarebbe parsa un capriccio esoso e da vergognarsene. Le era permessa solo l'indifferenza, da farsene una specie di scaramanzia verso il destino.»*

La paura e la solitudine di Ida, la sua innata fragilità, sembrano agire anche sul bambino che porta in grembo, il quale, risponde alla condizione della madre tentando di "non causare guai", di non dare preoccupazioni, quasi dimostrando sin dall'inizio di sapersela cavare,

[130]*«il suo corpo, già malfatto e sproporzionato dalla vita fin sotto il bacino, accusava poco il nuovo mutamento, il quale si manteneva in una misura scarsa. Certo la nascosta, malnutrita creaturina non poteva essere che un peso piccolo, da non richiedere molto posto[...]costui le si faceva già sentire, invero a muoversi ogni tanto dentro al suo nascondiglio; ma le piccole bòtte che dava parevano d'informazione, più che di protesta: «Vi do notizia che ci sono, e mi arrangio, malgrado tutto, e sono vivo. Anzi, già m'incomincia una qualche voglia di pazziare».*

Questo aspetto ha a mio avviso un duplice valore nella storia: da una parte si assiste quasi ad una inversione nei ruoli adulto-bambino: è infatti il bambino ad assumere i toni e l'atteggiamento protettivo nei confronti dell'adulto, che invece appare spaurito ed indifeso.

Dall'altra il bambino sembra bastare a sé stesso, avendo già percepito i limiti e le fatiche di questa madre, alla quale non chiedere.

[131]*«E subito il piccolo individuo dentro di lei le dava risposta con*

[128]   E. MORANTE, *La Storia*, Einaudi, Torino, 1974, pag 43.
[129]   E. MORANTE, *La Storia*, Einaudi, Torino, 1974, pag 89.
[130]   E. MORANTE, *La Storia*, Einaudi, Torino, 1974, pag 89.
[131]   E. MORANTE, *La Storia*, Einaudi, Torino, 1974, pag 89.

dei balzi vivaci che forse avevano intenzione d'incoraggiarla: «Di che hai paura? Mica sei sola. Dopotutto sei in compagnia.»».

Anche il momento del parto, avvenuto in gran segreto, invece di essere un momento di gioia, mette in luce la disperazione e la fatica di Ida e la forza e la resistenza del bambino che, seppur piccolo, dimostra una caparbietà e una voglia di vivere che contrasta fortemente con il dolore, fisico e psicologico, della madre e che lo porta ad attaccarsi al seno, di propria iniziativa

[132]*«Vicino a questo Giuseppe che era di misura troppo piccola per non ritrovarsi spaesato, fra le gente grossa del mondo. [...] Quel grande sudore, nel quale giaceva sommersa, dava a Ida un senso di abbandono e di passività, come un mare salato e tiepido nel quale il suo corpo si discioglieva. E le sarebbe piaciuto di morire in quel letto insieme con la creatura, andandosene tutti e due via dalla terra, come in una barca.»*

e ancora:

[133]*«Il parto non fu lungo, né difficile. Pareva che quella sconosciuta creatura si adoperasse a venire alla luce con le proprie forze, senza costare troppo dolore agli altri. [...]era, difatti, proprio un mascolillo: cioè un maschio, ma piccirillo, invero. Era una creaturina così piccola, che stava comodamente sulle due mani della levatrice, come in una canestra. E dopo essersi affermato in quell'eroica impresa di venire al mondo aiutandosi da sé stesso, non gli era rimasta nemmeno la voce per piangere. Si annunciò con un vagito così leggero che pareva un caprettino nato ultimo e scordato tra la paglia. Tuttavia, nella sua piccola misura, era completo, e anche caruccio, ben fatto, per quanto se ne capiva. E aveva intenzione di sopravvivere: tanto è vero che, al momento dato, cercò di propria iniziativa, ansiosamente, le mammelle di sua madre.»*

Il legame che Ida ha con il secondogenito si rafforzerà con il tempo in maniera naturale, quasi simbiotica. L'amore e la cura che Ida dimostrerà nei confronti di Useppe non verranno mai a mancare, pur

[132]   E. Morante, *La Storia*, Einaudi, Torino, 1974, pag 96.
[133]   E. Morante, *La Storia*, Einaudi, Torino, 1974, pag 95.

condizionati dalle caratteristiche e dalle possibilità della donna.

Completamente diverso apparirà il rapporto di Ida con il primogenito Nino, sedicenne irruento e intraprendente, che sarà meglio analizzato nel capitolo seguente.

Il rapporto con questo figlio scapestrato ed esuberante sarà vissuto da Ida in maniera ambivalente perché, se da una parte il legame sarà altrettanto potente e viscerale (e dopo la perdita del figlio spingerà la donna verso una parabola discendente che la porterà al delirio e alla pazzia), dall'altra Ida non saprà mai assumere veramente il suo ruolo educativo nei confronti del ragazzo, cedendo alle sue richieste e dimostrandosi ancora una volta debole e fragile. Numerosi sono gli episodi del libro nei quali Ida si lascerà coinvolgere dai ricatti emotivi del figlio, concedendogli tutto quello che lui richiede e rinunciando a porre di fronte a lui qualunque argine o regola. Riporto di seguito un passaggio esemplare che racchiude l'emblema del rapporto madre-figlio adolescente che pervade la trama:

[134]*«E poi le chiedeva i soldi per il cinema. E lei si accaniva a contrastarglieli; finché lui, trascorrendo arrabbiato per la stanza, proprio come un vero sfruttatore di donne, glieli portava via con la prepotenza, o con le minacce di scappare per sempre di casa.»*

Appare in più punti del romanzo un'immagine di madre il cui stile risulta essere ambivalente, che comprende anche modalità di attaccamento disorganizzato, preoccupato, che denota delle situazioni irrisolte con la propria storia infantile e genera messaggi discordanti anche nel legame con i figli: ansiosa e preoccupata per loro, ma incapace di fornire autorevolezza e sicurezza.

Laura Lazzari, nello studio dedicato al rapporto madri-figli nelle opere di Morante, sostiene che in generale il rapporto tra madre e figli maschi è comunque più positivo rispetto a quello tra madri e figli femmine e di come l'immagine della madre riportata ne *La Storia* ritrovi nella concezione cristiana della madre generatrice una radice profonda.

[135]*«Sebbene la psicanalisi abbia chiaramente un'influenza sulla*

---

[134] E. MORANTE, *La Storia*, Einaudi, Torino, 1974, pag 87.
[135] L. LAZZARI, *Le relazioni madre-figlia e madre-figlio in due romanzi di Elsa Morante: "La Storia" e "Menzogna e sortilegio", da Rivista svizzera delle*

costruzione dell'intreccio, sui comportamenti dei protagonisti e le loro turbe psichiche, è stato dimostrato come anche la religione e la cultura mediterranea tendano a influenzare le relazioni fra madri e figli. È importante ricordare che il credo religioso e le immagini votive sono intimamente radicate nel cattolicesimo e nella cultura italiana. Il legame privilegiato fra madre e figlio riflette quindi quello fra Maria (simbolo di tutte le madri) e Gesù, un modello che è stato imitato nelle famiglie secolari, dove le madri, come Maria, sono subordinate ai loro figli. Nella cultura mediterranea, la nascita di un figlio maschio è considerata ragione di maggiore gioia.»

Probabilmente, la maternità di Ida è profondamente segnata dal suo essere una donna sola e fragile, con un bagaglio di ansie e paure che le derivano già dalla sua stessa infanzia di bambina malata e sensibile che ha avuto accanto due genitori altrettanto fragili e patologici. Questo retaggio, unito alle sofferenze che anche coma adulta ha dovuto affrontare (la morte dei genitori, quella del marito, ecc.), hanno generato in lei elementi di ansia e depressione sempre presenti e condizionanti il suo rapporto con il mondo e i figli, ai quali si aggrapperà disperatamente per trovare una valida ragione per sopravvivere.

Come sostenuto nelle teorie dell'attaccamento,[136] individui con legami di attaccamento di tipo "disorganizzato", come nel caso di Ida e dei suoi genitori, nei quali la donna non ha mai potuto trovare una "base sicura" al suo bisogno di protezione di bambina, tendono a sviluppare modelli operativi interni (MOI) del sé e degli altri multipli e incoerenti, rappresentandosi la realtà esterna come perennemente catastrofica vedendo se stessi come persone continuamente minacciate e in pericolo e, al tempo stesso, impotenti e vulnerabili.

Dice ancora Bowlby a tale proposito:

[137]*«Sottolineando l'influenza veramente grande che la madre di un bimbo esercita sul suo sviluppo, è necessario tenere anche in considerazione cosa abbia indotto la madre ad adottare quel*

letterature romanze, Zurigo, gennaio 2006, pagg 256-257, https://www.e-periodica.ch/digbib/view?pid=ver-001:2006:52::250#251.

[136] F.TANI, *I legami di attaccamento fra normalita' e patologia: aspetti teorici e d'intervento,* in http://www.ifefromm.it/rivista/2011-xx/1/interventi/francatani.pdf

[137] J. BOWLBY, *Una base sicura. Applicazioni cliniche della teoria dell'attaccamento*, Raffaella Cortina Editore, Milano, 1989, pagg. 121-122.

particolare stile di cure materne. Un'influenza importante a questo proposito è la quantità di sostegno emotivo, o la sua mancanza, che lei stessa sta ricevendo al momento. Un'altra è il tipo di cure materne che ha ricevuto da piccola.»

Il neonato Useppe dimostrerà già dai primi giorni di vita di interagire bene con l'ambiente in cui vive e con la sua famiglia. Emerge qui nuovamente la capacità del bambino di adattarsi al contesto materiale e familiare provando a sopravvivere da solo nelle avversità. Già dai primi mesi Ida tende a lasciare solo il bambino, dovendosi recare quotidianamente al lavoro; nel romanzo i passaggi della crescita vengono descritti velocemente, saltando dall'immagine di Useppe appena nato a quella del neonato dei tre mesi (fine 1941):

[138]*«I primi tempi Ida, appena finita la lezione, doveva correre trafelata a casa per allattarlo, sempre in ritardo. Ma presto imparò ad arrangiarsi da solo, con un poppatoio pieno di latte artificiale, che essa gli lasciava durante le sue assenze più lunghe. E lui, fedele alla propria intenzione di non morire, ne succhiava quanto poteva. Non cresceva molto, però s'era abbastanza arrotondato, al punto da fare qualche anelluccio di grasso sulle braccia e sulle cosce. E nonostante la sua segregazione, aveva preso un colorito rosa che illuminava meglio i suoi occhi... [...] La sua bocca sdentata, dai labbri sporgenti, cercava i bacetti con la stessa domanda ansiosa con cui cercava il latte.»*

L'immagine del bambino bisognoso di essere nutrito ma allo stesso modo di essere cullato e coccolato, rimanda alle teorie e agli studi condotti dallo psicologo statunitense Harry Harlow alla fine degli anni '50. Secondo tali teorie, elaborate a seguito di specifiche sperimentazioni su scimmie *rhesus*, il neonato ricerca la madre/caregiver non solo per il bisogno di nutrimento, ma anche e soprattutto per un reale bisogno di vicinanza fisica ed affettiva, che risulta altrettanto fondamentale per il suo corretto sviluppo. Tali teorie sono risultate importanti anche per determinare l'importanza che l'assenza di un efficace attaccamento materno può causare sul bambino (vd bambini orfani e/o cresciuti in assenza di figure di attaccamento definite) e sull'eventuale emergere di successivi disturbi antisociali/delinquenziali.

[138] E. MORANTE, *La Storia*, Einaudi, Torino, 1974, pag 109.

Useppe, seppure amato dalla madre, pare crescere in completo isolamento, senza mai uscire, tanto che l'autrice riporta:

[139]*«In conclusione Giuseppe seguitava a crescere (per modo di dire) sempre uguale a un bandito il cui nascondiglio era noto soltanto a svariati ragazzetti d'ogni risma e di quartieri diversi...»*

Nel medesimo punto l'autrice introduce il tema dell'apprendimento della parola, in quanto risulterà chiaro, dall'avanzamento del romanzo, come questo aspetto costituirà un elemento critico per il bambino, che lo porterà ad elaborare una modalità di linguaggio poco comprensibile, almeno fino ai 5 anni. Nello specifico Useppe mostrerà di non raggiungere le corrette tappe di sviluppo per l'età, dimostrando una sorta di "ritardo" nell'eloquio e nella strutturazione della parola, a fronte di uno sviluppo cognitivo sostanzialmente nella norma.

[140]*«Prestissimo imparò i nomi della famiglia: Ida era mà; Nino era ino oppure aiè (Ninnarieddu) e Blitz era i»*

È evidente anche come, nell'intreccio romanzesco, risulti un po' affrettata la comparsa della prima lallazione e l'uso della corrispondenza nome/oggetto-persona nel bambino (Useppe doveva avere qui circa 3-4 mesi, essendo nato a fine agosto 1941, mentre la lallazione compare generalmente intorno ai 7 mesi), che evidentemente risponde più ad esigenze romanzesche che non a reali tappe dello sviluppo, ma è importante per inquadrare le fasi della crescita.

Allo stesso modo l'attenzione mostrata dal neonato nei confronti del primo incontro con il fratello Useppe sarà sovrastimata, in quanto di fatto avvenuta quando il piccolo ha solo due settimane di vita, mentre nel romanzo sembra denotare la nascita di un rapporto già selettivo bambino/fratello. Useppe pare infatti improvvisamente riconoscere Nino e si agita tutto nel vederlo. Ovviamente questo passaggio è spinto al limite dell'inverosimile, considerando che il piccolo Useppe ha pochi giorni e che ovviamente non può riconoscere le figure che si muovono attorno a lui e che i suoi movimenti sono più il frutto di schemi riflessi che di reazioni volontarie, ma la sensazione che l'autrice pare volere trasmettere è sicuramente quella della vicinanza tra i due fratelli.

[139]   E. MORANTE, *La Storia*, Einaudi, Torino, 1974, pag 111.
[140]   E. MORANTE, *La Storia*, Einaudi, Torino, 1974, pag 109.

Useppe viene descritto fin da subito come un bambino molto attivo, sveglio, che pare bruciare le tappe della sua crescita:

[141]*«Giuseppe, come era stato precoce nella nascita, così fino da principio si rivelò precoce in tutto. Alle solite tappe naturali, che segnano l'avanzata di ogni lattante sull'itinerario delle esperienze, lui, arrivava sempre in anticipo; ma talmente in anticipo (almeno per quei temi di allora) che io stessa stenterei a crederci, se non avessi diviso, in qualche modo, il suo destino».*

La stessa Ida chiamata da Nino per assistere al primo sorriso di Giuseppe è titubante a credere che possa aver davvero sorriso al fratello. Ma è costretta a ricredersi e cedere all'entusiasmo di Nino.

Il primo anno di Useppe trascorre quasi interamente nell'appartamento di S. Lorenzo, dove il bambino impara a gattonare e fa le sue prime scoperte. Il suo mondo si allarga progressivamente dalla stanza da letto al resto della casa. È troppo piccolo ancora per accedere alle finestre e quindi il suo spazio di azione è limitato agli spazi bassi, delimitati dalla porta di casa, che rappresenta il "limite" dell'universo a cui ha accesso.

L'aspetto trascurato del bambino (indossa cenci di lana o vestiti del fratello che gli vanno grandi, e babbucce da neonato) stride con l'allegria e la gioia che il bambino mostra di avere per tutto ciò che gli si presenta, non da ultimo il fratello Nino, che rappresenta per lui, come detto dalla Morante, «la festa totale del mondo», ovvero l'insieme di tutte le cose ai suoi occhi fantastiche e colorate che esistano.

[142]*«Non si era mai vista una creatura più allegra di lui. Tutto ciò che vedeva intorno lo interessava e lo animava gioiosamente. Mirava esilarato i fili della pioggia fuori della finestra, come fossero coriandoli e stelle filanti multicolori... [...] Il colore d'uno straccio, d'una cartaccia, suscitando innanzi a lui, per risonanza, i primi e le scale delle luci, bastava a rapirlo in un riso di stupore.»*

Il mondo del bambino si arricchisce in questa fase anche di nuove parole: *ttelle* (per nominare le stelle), *dóndini* (per le rondini), *tole* (per il sole). Il mondo esterno, dalla porta in casa in poi, diventa *no* perché

[141] E. MORANTE, *La Storia*, Einaudi, Torino, 1974, pag. 106.
[142] E. MORANTE, *La Storia*, Einaudi, Torino, 1974, pag. 120.

gli viene sempre proibito dalla madre di uscire di casa. La notte e i mobili (ai quali passa sotto) sono chiamati *ubo* (buio). Tutte le voci e i rumori diventano per lui *opi* (voci). La pioggia *ioia*, così come l'acqua, il cavallo *vavallo*, ecc.

Analizzando nel dettaglio questo aspetto vediamo come sono presenti nel linguaggio del bambino le caratteristiche delle prime fasi del lessico infantile, composte da suoni, proto-parole o olofrasi tipiche dell'età, che spesso imitano il linguaggio adulto. Più avanti è evidente anche il meccanismo della sovraestensione per denominare tutte le categorie legate ad una stessa specie di concetti/oggetti accumunati da relazioni di categoria (per esempio dire cane o come vedremo in seguito dire *vavallo* – cavallo- per indicare tutti gli animali a quattro zampe o in questo caso dire *ioia*- pioggia - per indicare sia la pioggia che in generale l'acqua).

Allo stesso modo per quanto riguarda l'area dello sviluppo sensomotorio, Useppe impara a gattonare, in età consona alle tappe generali di sviluppo, imitando il cane Blitz, che vive con lui e la sua famiglia e che gli tiene spesso compagnia nelle sue giornate solitarie.

La vicinanza dell'animale è importante per Useppe, ed è il suo metro di paragone ogni qualvolta gli capiti di conoscere qualcosa di nuovo. Morante riporta infatti un passaggio nel quale Useppe, uscito finalmente di casa per intercessione del fratello, nel vedere per la prima volta il mondo esterno, prova a dare un nome a tutte le cose, le persone e gli animali che incontra sul suo cammino. E, visti alcuni animali, accade questo:

[143]*«I!...i!...» gridava Giuseppe (ovvero Useppe), riconoscendo Blitz in tutti gli animali quadrupedi che passavano, saltellanti, erranti o trainanti, e magari perfino nei veicoli a ruote.»*

Lo svezzamento avviene, a detta dell'autrice, in maniera anticipata, già dalla fine dell'inverno, quanto Useppe ha circa 6 mesi, ma in realtà segue l'andamento ordinario per questa tappa di crescita. Ida prepara delle pappe alla meglio e l'autrice sottolinea come lui le mangi «arrangiandosi a crescere». Pur mangiando, poiché la sua statura cresce, Useppe diventa «*alquanto magrolino, benché formato con grazia.*»

In un lasso di tempo in linea con le normali tappe di sviluppo, e con un meccanismo tipico della fase cosiddetta di *esplosione del*

---

[143] E. MORANTE, *La Storia*, Einaudi, Torino, 1974, pag.124.

vocabolario, il bambino comincia ad arricchire il suo bagaglio di parole prodotte e di quelle comprese.

Anche l'aspetto simbolico comincia a farsi strada nella psiche del bambino, che assorbe tutto quello che vede e sente. L'autrice così descrive questo passaggio importante.

[144]*«E perfino capitò a volte che in una parola già presentisse l'immagine propria della cosa, pure se questa gli era ignota, così da riconoscerla al primo incontro. ...[...]Grazie alle sue passeggiate col fratello, la famiglia delle cose per lui s'era arricchita, sviluppandosi in nuove diramazioni naturali. I mobili e le masserizie erano case, treni. Gli asciugamani, gli stracci e anche le nubi erano dandèle (bandiere). Le luci e le stelle erano erba, e le stelle medesime erano formiche intorno ad una mollichella (la luna).»*

Questo approccio al simbolico avviene secondo Piaget e Inhelder a partire dal secondo anno di vita del bambino:

[145]*«Nel corso del secondo anno (e in continuità con la fase VI del § I), invece, compare un insieme di comportamenti che implicano la revoca rappresentazionale di un oggetto o di un evento assente, e che di conseguenza presuppongono la costruzione o l'uso di significanti differenziati, in quanto devono potersi riferire sia a elementi attualmente non percepibili sia a quelli presenti. Possiamo distinguere almeno cinque di questi comportamenti, che compaiono più o meno contemporaneamente e che elencheremo in ordine di complessità crescente: l'imitazione differita (cioè quella che inizia in assenza del modello) [...], il gioco simbolico o di finzione, [...]il disegno [...], l'immagine mentale [...], il linguaggio [...].»*

Importante è anche il momento in cui Useppe per la prima volta riconosce la sua immagine allo specchio, denotando la scoperta della sua identità:

[146]*«Adesso, a chiedergli il suo nome, rispondeva serio: «Useppe».*

[144]   E. MORANTE, *La Storia*, Einaudi, Torino, 1974, pag.131.
[145]   J. PIAGET e B. INHELDER, *La psychologie de l'enfant*, Presses Universitaires de Franee, Paris, 1966 , pagg. 42-43.
[146]   E. MORANTE, *La Storia*, Einaudi, Torino, 1974, pag.131.

Davanti a uno specchio, ravvisandosi diceva: «Useppe».»

L'autrice si sofferma anche a descrivere il momento in cui Useppe impara a camminare, sottolineando come anche questo passaggio avvenga in autonomia per il bambino e come questo modifichi la sua percezione dello spazio.

[147]*«E le sue esplorazioni per la casa presero una nuova dimensione inebriante. Spesso sbatteva contro i mobili, o cadeva; ma non piangeva mai, sebbene non di rado si facesse male, tanto che il suo corpo, come quello di un eroe, portava le ferite delle sue imprese. Quando cadeva, rimaneva per un poco ammutolito in terra; poi dava un piccolo brontolio, e si rialzava; e dopo un momento rideva, contento come un passero che riapre le ali.»*

In questa fase i giochi del bambino vengono definendosi. Scarseggiano, conformemente al periodo, i giochi veri e propri. Vengono solo citati giochi realizzati con materiale povero (una palla, una noce), che definiscono molto bene la privazione materiale della guerra e l'estrema povertà in cui vive il bambino.

3.2 – 1942/1944: prima infanzia di Useppe

A partire dal secondo anno di vita il piccolo Useppe allargherà la sua sfera della conoscenza delle persone e del mondo ed entrerà maggiormente in relazione con altre figure estranee al nucleo famigliare. Le sue relazioni sociali andranno via via ampliandosi fino a quando il bombardamento e la distruzione della casa a S. Lorenzo non costringeranno lui e Ida a sfollare in un rifugio nei pressi di Pietralata, a pochi chilometri di distanza, modificando tutto ad un tratto le sue abitudini di vita e scardinando le sue, seppur fragili, sicurezze di bambino.

L'evento del bombardamento è preceduto da una serie di allarmi antiaerei che, con la primavera del 1943, si fecero più frequenti sulla città. Questi episodi causeranno in Ida l'amplificazione delle sue paure ed un peggioramento dei sintomi legati all'ansia e alla perdita.

[147]   E. Morante, *La Storia*, Einaudi, Torino, 1974, pag.132-133.

[148]*«Ma alla prima voce della sirena, immediatamente era presa da un pànico disordinato, come un meccanismo che corre in folle per una discesa. E sia che si trovasse sveglia, o addormentata, in qualsiasi momento, a precipizio si agganciava sul corpo il busto (in cui sempre teneva i suoi risparmi); e preso in collo Useppe, con una forza nervosa innaturale fuggiva con quel peso giù dabbasso, a cercare salvezza nel rifugio.»*

L'ambiente del rifugio rappresenta per Ida e Useppe un mondo a parte che inizialmente temuto, diventa poi un luogo abituale, nel quale poter anche stringere legami e passare il tempo. Si instaura quindi in questi spazi angusti una specie di quotidianità, dove la gente parla, dorme, si conosce. L'unica ad essere comunque stranita, anche a causa delle dosi di sonnifero assunte per contrastare le sue crisi è Ida, che cade in uno stato quasi catatonico, pur mantenendo la consueta diffidenza e paura verso gli altri. Tale stato però non le impedisce di conservare il suo istinto materno quando, svegliatasi all'interno del rifugio, ha come prima azione quella di stringersi al petto Useppe, per proteggerlo da tutti.

Questo comportamento, tipico dell'attaccamento materno, tende a ridurre, come riporta Bowlby[149] nel suo lavoro, la distanza tra il piccolo e la madre e a fare in modo che il bambino rimanga sempre a stretto contatto con lei.

In una mattina di luglio avviene il bombardamento che sorprenderà Ida e Useppe per strada. Si tratta del primo vero evento traumatico per il bambino. Madre e figlio cercano di ripararsi alla meglio: Ida protegge con il suo corpo Useppe, che cerca nel contatto visivo con la madre un barlume di sicurezza.

[150]*«Useppe, accucciato contro di lei, la guardava in faccia, di sotto la sporta, non impaurito, ma piuttosto curioso e soprapensiero. «Non è niente», essa gli disse, «non avere paura. Non è niente». Lui aveva perduto i sandaletti ma teneva ancora la sua pallina stretta nel pugno. Agli schianti più forti, lo si sentiva appena appena tremare: «Niente...» diceva poi tra persuaso e interrogativo. I suoi piedini nudi si*

<hr>

[148] E. MORANTE, *La Storia*, Einaudi, Torino, 1974, pag.161.
[149] J. BOWLBY, *Attaccamento e perdita*, Bollati Boringhieri, Torino, 1^ ed. 1999- 2^ ed. 1982, vol. 1.
[150] E. MORANTE, *La Storia*, Einaudi, Torino, 1974, pag.169.

bilanciavano quieti accosto a Ida, uno di qua e uno di là. Per tutto il tempo che aspettarono in quel riparo, i suoi occhi e quelli di Ida rimasero, intenti, a guardarsi. Lei non avrebbe saputo dire la durata di quel tempo. Il suo orologetto da polso si era rotto; e ci sono delle circostanze in cui, per la mente, calcolare una durata è impossibile»

Al di là della struggente poesia che emana da questa scena, il quadro racchiude in poche righe la perfetta simbiosi madre-figlio e la reciproca ricerca di sollievo e consolazione che lo sguardo crea tra i due.

In questa scena il contatto e l'interazione tra Useppe e sua madre passano non attraverso le parole ma grazie agli sguardi che i due si scambiano e che fungono da bussola del comportamento e delle reazioni di uno nei confronti dell'altro.

Come sostenuto anche da Bowlby nel suo lavoro,

[151]*«Il modello di interazione che va gradualmente sviluppandosi fra un bambino e la madre può essere compreso solo come risultato dei contributi di entrambi, e specialmente del modo in cui di volta in volta ciascuno dei due influenza il comportamento dell'altro.»*

Come sostenuto dallo stesso Bowlby[152] (riferendosi anche alle teorie dell'apprendimento sociale di Bandura), esiste una forte correlazione tra l'intensità della paura di un bambino piccolo e l'intensità della paura della madre. Allo stesso modo è provata la tendenza dei membri di un nucleo familiare a stare insieme al momento culminante di una calamità e che tale bisogno di attaccamento persista ancora nei giorni successivi l'evento. Questo vale sia per i bambini nei confronti degli adulti, che viceversa.

Di fronte alla desolazione del bombardamento, allo smarrimento della madre, allo scenario spettrale incontrato nelle strade, anche il coraggio apparente del piccolo Useppe sembra cedere. Il bambino comincia a piangere e a chiedere della sua casa. Si bagnerà i pantaloni con la sua stessa urina e ne resterà sconfortato perché capirà di non

---

[151]   J. BOWLBY, *Attaccamento e perdita*, Bollati Boringhieri, Torino, 1^ ed. 1999- 2^ ed. 1982, vol. 1, pag. 203.

[152]   J. BOWLBY, *Attaccamento e perdita,* Bollati Boringhieri, Torino, 1^ ed. 1999- 2^ ed. 1982, vol. 2.

essere così grande come credeva.

È doveroso qui richiamare gli studi condotti da Freud e Burlingham, nel 1943 a proposito delle madri e dei bambini che hanno vissuto l'esperienza dei bombardamenti. È evidente, infatti, un'analogia tra quanto riportato da Morante nel romanzo e gli studi sul campo effettuati dalle due psicologhe:

[153]*«D'altra parte, abbiamo avuto l'opportunità di osservare madri molto ansiose con bambini molto ansiosi. C'era la madre di John, che soffriva di agorafobia durante i raid aerei. Non andava mai a letto quando l'allarme era in funzione, stava davanti alla porta tremando e insisteva affinché il bambino non dormisse. Lui, un bambino di cinque anni, doveva vestirsi, tenerle la mano e stare accanto a lei.»*

e ancora:

[154]*«Abbiamo anche avuto l'opportunità di osservare una madre con un bambino neonato che, prima della costruzione del rifugio, dormiva nella nostra casa sotto la scala. Ogni volta che si sentiva il fischio di una bomba lei prendeva il bambino in braccio e difficilmente le si poteva impedire di precipitarsi fuori dalla porta.»*

e di nuovo:

[155]*«Generalmente sopravvalutiamo la forza del desiderio della madre di allontanare il bambino dal pericolo. [...]. Anche nel bel mezzo di un bombardamento aereo una madre può mostrare una duplice reazione a questo proposito. Desidera che il suo bambino sia ben lontano dal pericolo, ma allo stesso tempo desidera tenerlo vicino a sé, dove possa prendersene cura personalmente, vegliare su di lui e possa sapere dove si trova al momento. Sente che nessuno potrebbe proteggere il suo bambino come lei e quindi si sente rassicurata dalla sua presenza. La ragione e l'emozione lavorano l'una contro l'altra in questi momenti.»*

[153]   A. FREUD, D. BURLINGHAM, *War and Children*, Medical War Books, NYC, 1943, pag 33.

[154]   A. FREUD, D. BURLINGHAM, *War and Children*, Medical War Books, NYC, 1943, pag 35.

[155]   A. FREUD, D. BURLINGHAM, *War and Children*, Medical War Books, NYC, 1943, pag 162.

Sempre a seguito del bombardamento che distruggerà la sua casa, Useppe incontrerà per la prima volta la morte. Tra le rovine del palazzo il bambino cercherà disperatamente il cane Blitz, morto sotto le macerie, senza trovarlo. Questa perdita e la non comprensione di quando accaduto al cane lo faranno scoppiare in un pianto inconsolabile, lamentoso e flebile richiamo verso l'amico perduto. Ida non saprà dare risposta a questa angoscia del bambino. Le verrà in aiuto la sapienza popolare di un'anziana donna, conosciuta per caso, che, di fronte alla disperazione del bambino, proverà ad offrirgli una spiegazione pratica, che avrà su Useppe l'effetto di un grande disvelamento.

[156]*«...rivolta ad Useppe, piena di gravità matriarcale e senza smorfie, lo confortò col discorso seguente: «Non piangere pupé, che il cane tuo s'è messo le ali, è diventato una palombella, e è volato in cielo».*

Di fronte a questa deduzione banale e fantasiosa Useppe recupera tutta la sua capacità resiliente e comincia a fare domande per provare a spiegarsi questa nuova condizione dell'animale e il luogo in cui sarebbe migrato.

[157]*«L'ali?pecché l'ali?»*
«Perché è diventato una palombella bianca»
«Palommella bianca», assenti Useppe, esaminando attentamente le donna con gli occhi lagrimosi che già principiavano a sorridere, «e che fa, là, mò?»
«Vola, con tante altre palombelle»
«Quante?»
«Tante!tante!»
«Quante?»
«Trecentomila»
«Trecentomila sono tante?»
«Eh! più d'un quintale!!»
«Sono tante!Sono tante! Eh! Ma che fanno?»
«Volano. Se la spassano. Beh»

[156]   E. MORANTE, *La Storia*, Einaudi, Torino, 1974, pag.172.
[157]   E. MORANTE, *La Storia*, Einaudi, Torino, 1974, pag.172-173.

«*E le dòndini pure, ci stanno? E pure i vavalli ci stanno?*»
«*Ci stanno*»
«*Pure i vavalli?*»
«*Pure i cavalli*»
«*E loro pure, ci volano?*»
«*E come, se ci volano!*»

Attraverso quindi il primo abbozzato tentativo di psicologia ingenua, Useppe prova a farsi un'idea della morte e del passaggio concreto degli animali da una condizione ad un'altra, che si concretizza nella sua mente come un cambiamento di spazio e di comportamento per Blitz, dando luogo ad una credenza tipica per l'età. In questa tappa dello sviluppo, infatti, gli studiosi ritengono i bambini capaci di costruire autonomamente, con le informazioni raccolte e immagazzinate progressivamente nella memoria grazie all'esperienza, teorie utili ad interpretare ed organizzare ciò che vedono cambiare attorno a loro.

Con questi dati i bambini provano a formulare ipotesi, rispondere ad interrogativi, attraverso un ragionamento ancora causale. Solo più avanti, con l'età, essi riusciranno a prendere coscienza dei limiti di queste teorie e a revisionarle, con l'aiuto dei genitori, della scuola, degli amici.

Per questo motivo l'esperienza narrata ad Useppe dalla donna vede il bambino nella piena disponibilità di accogliere le informazioni trasmesse e di considerarle veritiere, perché logiche e consequenziali, espresse con apparente sicurezza e padronanza della materia e ben dimostrate ai suoi occhi.

La successiva esperienza presso il rifugio di Pietralata (unica occasione di riparo a seguito della distruzione della propria casa) apre a Useppe un nuovo mondo, popolato da numerosi personaggi che arricchiranno la sua esistenza di bambino. Il rifugio risulta infatti luogo di ricovero per numerosi adulti e bambini sfollati e provenienti da più parti d'Italia, tra cui spicca il gruppo dei *Mille* (la *tribù* come definita da Morante), ovvero una numerosa famiglia napoletana composta dalla nonna Mercedes e da una serie di figli, nipoti e pronipoti, le più piccole delle quali appena nate. Useppe si affezionerà presto a queste nuove conoscenze e con loro condividerà lunghe giornate e nottate in attesa della sospirata notizia della fine della guerra. Questo teatro di caratteri e storie rappresenta uno degli scenari più riusciti del romanzo, in cui si ritrova una galleria di ritratti e profili che bene sintetizzano l'universo umano.

Useppe vivrà l'esperienza del rifugio come un'imperdibile occasione per fare conoscenza, appassionarsi alle storie delle persone conosciute, cercare avventure. La stessa Morante dice a proposito:

[158]«*Come tutti gli innamorati, Useppe non avvertiva assolutamente le scomodità di quella vita.*»

Rimane affascinato da tutto, persino da insetti e topi.

In questa capacità di entusiasmarsi per le bellezze (e le bruttezze) del mondo, Di Lello vede una caratteristica tipica dello sguardo infantile:

[159]«*I piccoli hanno lo straordinario potere di instaurare un nuovo rapporto tra le parole e le cose. Le brutture possono essere escluse dalla realtà se non addirittura trasfigurate in qualcosa di bello.*»

Useppe rimane particolarmente colpito dalle due piccole gemelline, figlie della quattordicenne Carolina (Carulì per lui), sulla quale ci soffermeremo nel prossimo capitolo. Le due lattanti, Rosa e Celeste, lo attraggono al punto da passare molte ore ad osservarle e spingendolo ad intrattenere con loro una sorta di *baby talk,* in cui Useppe (che ha ora circa due anni) assume il ruolo dell'adulto.

[160]«*Poi d'un tratto, irresistibilmente, prorompeva in certi suoi discorsi giulivi e incomprensibili, forse convinto che per dialogare con quelle creature occorresse un linguaggio ostrogoto. E forse aveva ragione, perché loro gli rispondevano con gesticolamenti esilarati e voci speciali, talmente entusiaste che, nel produrle, si bagnavano tutte di saliva.*»

Lo stanzone di Pietralata è anche l'occasione per Useppe di affinare le sue capacità motorie, esercitandosi in salti, arrampicate, camminate in equilibrio. Dice la Morante

[158]   E. MORANTE, *La Storia*, Einaudi, Torino, 1974, pag.187.
[159]   L. DI LELLO, *I bambini in Elsa Morante: L'Isola di Arturo e La storia di Useppe*, in *La cooltura* – https://www.lacooltura.com/2018/11/elsa-morante-useppe-la-storia/, 11/11/2018, pag. 4.
[160]   E. MORANTE, *La Storia*, Einaudi, Torino, 1974, pag.188.

[161]«*Il gusto di esibirsi gli mancava; anzi, all'occasione, si scordava perfino della presenza altrui. Si aveva la sensazione che il suo corpo lo trasportasse fuori da se stesso*»

Useppe si ingegna a giocare con gli oggetti disponibili: banchi, fagotti, damigiane, fornelli, tinozze, catini, ecc. La sua gioia della scoperta e dei progressi conquistati rendono quella situazione precaria una continua sorpresa. Questo atteggiamento stride invece con il consueto timore e paura della madre, che anche qui non riesce a legare con gli altri adulti e si confina nell'angolo di stanzone destinato a lei e al figlio, temendo sempre l'arrivo dei tedeschi o di altri che possano far loro del male.

Purtroppo, è proprio durante questo periodo trascorso al rifugio che Useppe comincia a manifestare poco appetito ed un malessere che viene attribuito genericamente ai suoi "nervi", disturbi così riportati:

[162]«*La colpa, si vedeva chiaramente, era dei suoi nervi, piuttosto che del suo stomaco; ma questo suo capriccio amaro, del quale lui stesso non sapeva dare spiegazione, in certi casi lo travolgeva fino all'orrore, riducendolo a vomitare e a piangere. Per fortuna, tuttavia, distratto avvedutamente da qualche giochetto o storiella improvvisata, lui presto dimenticava ogni impressione, con la sua solita spensieratezza naturale.*»

All'interno di questo scenario riappare, dopo un periodo nel quale si è arruolato nell'esercito, il giovane Nino. Come abbiamo visto, il rapporto tra lui e Useppe rivestirà nel romanzo un'importanza cruciale: sia per il riferimento alla fratrìa e al legame affettivo tra i due, sia perché Nino rappresenta per Useppe l'unica figura maschile all'interno dello scenario famigliare.

Diversamente però dal *topos* della figura paterna, il giovane Nino non riuscirà mai a rappresentare per Useppe un punto di riferimento costante e presente nella sua vita. Le lunghe fughe, l'arruolamento prima nell'esercito e poi nella Resistenza, il carattere irruento e spavaldo saranno fonte di fascino e di venerazione per il bambino, ma anche causa di delusioni ricorrenti. Nino apparirà sempre come una

---

[161]   E. MORANTE, *La Storia*, Einaudi, Torino, 1974, pag.190.
[162]   E. MORANTE, *La Storia*, Einaudi, Torino, 1974, pag.206.

sorta di meteora nella vita di Useppe, regalando al bambino attimi di sincera felicità e divertimento puro ma sparendo all'improvviso senza spiegazione alcuna e disattendendo le promesse fatte. Nino rappresenterà per il fratello una sorta di "centro del mondo" attorno a cui il piccolo si affannerà a ruotare, nel tentativo di essere visto, riconosciuto e amato, ma che gli causerà anche autentico dolore e tristezza.

La scena della partenza di Nino dal rifugio di Pietralata è quantomai struggente e malinconica: Useppe vede allontanarsi sotto la pioggia il fratello, lo insegue più volte e poi ritorna indietro, fino a quando Nino non gli giurerà solennemente di tornare a prenderlo uno dei successivi giorni.

Nel tempo del bambino queste lunghe assenze scandiscono una mancanza importante, un vuoto negli affetti che contribuisce a rendere la sua esistenza sempre meno ancorata a elementi di costante riferimento e supporto alla sua crescita.

Come riportato da Di Lello,

[163]*«L'altro motivo portante è la psicanalisi. In particolare, visibile anche nell'Isola di Arturo, è c'è una figura dello stesso sesso che si carica di ambivalenza: paura e rispetto, stima sconsiderata e distanza. Lo sviluppo di questo fenomeno è sviluppato anche ne La storia nella figura di Nino.»*

Prima dell'addio a Pietralata, Useppe vivrà con la madre un altro momento fondamentale per la sua formazione, seppur in negativo. Mi riferisco all'episodio del treno dei deportati in partenza dalla Stazione Tiburtina, dove Useppe capiterà per caso. Quel giorno, infatti, lui e la madre si stanno recando in città in cerca di un nuovo paio di scarpe, evento straordinario questo per l'importanza che in tempo di guerra poteva avere il potersi permettersi un paio di scarpe nuove, soprattutto per i bambini, come abbiamo visto anche nel secondo capitolo di questo lavoro. Quello che doveva essere quindi un momento di gioia per Ida e Useppe si trasforma improvvisamente in un momento tragico del romanzo in quanto, per la prima volta, in maniera dirompente, nella trama si concretizza il tema della deportazione.

---

[163] L. Di Lello, *I bambini in Elsa Morante: L'Isola di Arturo e La storia di Useppe*, in *La cooltura* – https://www.lacooltura.com/2018/11/elsa-morante-useppe-la-storia/, 11/11/2018, pag. 5.

Nel tentativo di rincorrere una vecchia conoscenza di Ida, la signora Di Segni, unica della sua famiglia scampata al rastrellamento del Ghetto ebraico, mamma e figlio arrivano nei pressi della stazione, dove è in partenza un convoglio nel quale sono ammassati uomini, donne e bambini. La scena drammatica della signora Di Segni che corre lungo il treno fermo alla ricerca dei suoi familiari è una pietra miliare nella letteratura morantiana, e impatta in maniera traumatica sul bambino, che sembra pervaso dall'orrore a cui sta assistendo:

[164]*«Il bambino stava tranquillo, ranicchiato nel suo braccio, col fianco sinistro contro il suo petto; ma teneva la testa girata a guardare il treno. In realtà, non s'era più mosso da quella posizione fino dal primo istante. E nello sporgersi a scrutarlo, lei lo vide che seguitava a fissare il treno con la faccina immobile, la bocca semiaperta, e gli occhi spalancati in uno sguardo indescrivibile di orrore.*

Useppe... lo chiamò a bassa voce.

Useppe si rigirò al suo richiamo, però gli rimaneva negli occhi lo stesso sguardo fisso, che pure all'incontrarsi col suo, non la interrogava. C'era nell'orrore sterminato del suo sguardo, anche una paura, o piuttosto uno stupore attonito; ma era uno stupore che non domandava nessuna spiegazione.»

Quella stessa notte il bambino comincia a gemere nel sonno, spaventando Ida. Nel tentativo di svegliarlo, Useppe prolunga il suo delirio, mettendo insieme parole che richiamano la giornata appena trascorsa. Questo stato è interrotto solo nel momento in cui Ida attira la sua attenzione sulle scarpe nuove che giacciono vicino al letto. Solo così il bambino si sveglia e sorride.

Questo episodio denota il tentativo di rielaborazione che il bambino fa dell'evento traumatico a cui ha assistito e rinforza quanto sostenuto in merito all'elaborazione del trauma nei bambini così piccoli da Freud e Burlingham,

[165]*«Questo preziosissimo sfogo nella parola e nel pensiero cosciente che funge da drenaggio per ansia ed emozione è negato ai bambini piccoli. È possibile che usino questo metodo in età più avanzata con le*

---

[164]   E. MORANTE, *La Storia*, Einaudi, Torino, 1974, pag.246-247.
[165]   A. FREUD, D. BURLINGHAM, *War and Children*, Medical War Books, NYC, 1943, pag 65.

loro madri. Nelle condizioni di vita dell'asilo nido i bambini non parlano delle loro esperienze spaventose subito dopo che si sono verificate.»

Prima di abbandonare il rifugio di Pietralata c'è un altro passaggio importante che scandisce un'ulteriore tappa della crescita di Useppe e consiste nella realizzazione che il bambino fa di saper *pensare*. Ida in quel periodo è costretta a lasciare Useppe solo nello stanzone (ormai occupato solo da loro due perché tutti gli altri hanno trovato altre sistemazioni o sono rientrati nei loro paesi di origine), per cercare cibo. In quel frangente in cui si ritrova solo, il bambino viene così ritratto:

[166]*«...nei giorni di maltempo non aveva altro rimedio che lasciare Useppe solo, a guardia di se stesso, chiudendolo a chiave dentro lo stanzone. Fu allora che Useppe imparò a passare il tempo pensando. Si metteva i due pugni sulla fronte, e cominciava a pensare. A che cosa pensasse, non è dato saperlo; e si trattava, probabilmente, di futilità imponderabili. Ma è un fatto che, mentre lui stava così a pensare, il tempo comune degli altri per lui si riduceva quasi a zero.»*

Questa fase del pensiero pre-operatorio, così come postulata da Piaget, permette al bambino di sperimentare un nuovo aspetto della vita, che gli consente di immaginare le azioni e a manipolare le rappresentazioni mentali. Ovviamente come abbiamo visto, la capacità di costruire i concetti e spiegarsi gli eventi è ancora immatura, così come la quantità di nozioni e contenuti risultano decisamente inferiori a quelle di una persona adulta.

A conclusione del capitolo dedicato al 1943 compare nuovamente un accenno alla condizione di estrema povertà nella quale si trovano a vivere Ida e Useppe e che pare quasi preannunciare le cause che porteranno al peggioramento delle condizioni di salute del bambino. Useppe viene infatti descritto «*palliduccio e smunto, avvolto in lanerie di scarto da parere un fagottello ambulante»,* costretto a vivere in mezzo all'umidità, senza riscaldamento.

Il capitolo 1944 si apre con l'ingresso di Ida e Useppe nella stanza affittata presso una famiglia del quartiere Testaccio, i Marrocco, dove andranno ad occupare lo spazio originariamente appartenuto al figlio maschio, Giovannino, partito per la guerra e ancora disperso.

---

[166] E. MORANTE, *La Storia*, Einaudi, Torino, 1974, pag.282.

La nuova condizione non placa la fame e la ricerca spasmodica di cibo da parte di Ida.

La lotta contro la fame rappresenta come abbiamo visto uno degli elementi tipici dei racconti e della letteratura di guerra e in questo capitolo viene descritta in tutta la sua componente di disperazione e crudezza, soprattutto se legata alla strenua battaglia della madre Ida per sfamare il suo Useppe.

[167]*«La misera lotta di Ida contro la fame, che da più di due anni la teneva armata, adesso era pervenuta al corpo-a-corpo. Quest'unica esigenza quotidiana: dar da mangiare a Useppe, la rese insensibile a ogni altro stimolo, a cominciare da quello della sua propria fame. Durante quel mese di maggio, essa visse, in pratica, di poca erba e d'acqua, ma tanto le bastava, anzi ogni suo boccone le pareva sprecato, poiché sottratto a Useppe. A volte, per sottrargli ancora meno, le veniva alla mente di bollire, per se stessa, delle bucce, o foglie comuni, o addirittura mosche o formiche: sempre sostanza erano...Magari rosicchiarsi qualche torsolo dalle immondezze, o strappare l'erba anche dai muri delle rovine.»*

L'immagine della donna e dello stesso Useppe si trasformano a causa delle sofferenze della fame, sino a trasformarne i volti. La disperazione è tale che il bambino, sopraffatto dal bisogno di mangiare, arriva a cercarle il seno, nel tentativo di nutrirsi.

Questa disperazione annienta ogni speranza di Ida per il futuro e la donna arriverà a pensare di prostituirsi per sopravvivere, finendo poi rubare del cibo, e ritrovando così una forte motivazione alla resistenza.

Solo il ritorno inatteso di Nino riuscirà a ridare a Ida un po' di allegria e la riempirà di orgoglio di fronte all'aspetto florido e scalpitante del ragazzo.

Ancora una volta l'incontro con Nino è fonte di gioia per Useppe che, come sottolineato dall'autrice, non vede il ragazzo da un anno e mezzo, un tempo lunghissimo per un bambino di neanche quattro anni, nel quale anche la memoria consapevole non può ritenersi ancora del tutto sviluppata. Eppure, nonostante questo, dice sempre la Morante, Useppe riconosce immediatamente il fratello e ne rimane nuovamente affascinato.

Ma inevitabilmente questo idillio è destinato di nuovo a concludersi

[167] E. MORANTE, *La Storia*, Einaudi, Torino, 1974, pag.327.

con la partenza di Nino e l'ennesima delusione di Useppe.

Dopo l'esperienza dei treni dei deportati alla stazione Tiburtina, un nuovo fatto sconvolge la psiche di Useppe, il quale si imbatte in alcune riviste che riportano fotografie dei campi di sterminio. L'autrice introduce l'episodio facendo riferimento, diversamente dalle altre volte in cui il bambino veniva definito come precoce nella sua crescita, ad un presunto "ritardo" nello sviluppo. Si dice nel passaggio in esame che il bambino non era avvezzo a riconoscere le immagini che si trovavano solitamente nelle riviste e sui libri perché:

[168]*«Quasi a somiglianza dei lattanti, o addirittura dei cani e dei gatti, lui stentava a riconoscere nell'unidimensionale della stampa, le forme concrete. E del resto, invero nei suoi fortuiti giretti per il quartiere Testaccio, sempre tenuto per mano da qualche adulto, era troppo occupato e tirato dalle tante varietà del mondo, per badare a quelle immagini piatte. A casa, i libri della stanzetta gli erano vietati come intoccabili, essendo proprietà personale di Giovannino; e dei pochi giornali che capitavano in famiglia, lui non se ne interessava, essendo analfabeta del tutto. Le sole figure dipinte o stampate che frequentasse, oltre alle carte da gioco, (tenute per altro sotto chiave) erano quelle di certi fumetti di casa, e di un sillabario che Ida gli aveva messo a disposizione. Però sebbene ogni tanto si divertisse a comunicare ai presenti, con l'aria di un grande indovino, i segni da lui decifrati («casa!» «fiori!» «signori!»), simili svaghi cartacei lo annoiavano presto.»*

Useppe quindi, che ricordiamo ha in questo momento quasi 4 anni, pur essendo sempre stato descritto come un bambino precoce, denota qui un certo ritardo nel riconoscimento delle figure e nell'eloquio, che dovrebbe invece essere in quella fase già più sviluppato.

L'incontro con le immagini dei campi di sterminio ritrovate appunto su alcune riviste intercettate dal bambino, risvegliano però in lui le sensazioni già provate nell'incontro alla stazione Tiburtina e precedono, come nel caso precedente, un terrore innato che il bambino proverà di fronte ad immagini analoghe viste qualche giorno dopo per strada e che lo spingeranno a trascinare via la madre pur di non vederle ancora.

---

[168]   E. MORANTE, *La Storia*, Einaudi, Torino, 1974, pag.369.

3.3 – 1945/1946: fine della guerra, inizio della fine per Useppe

Nell'estate del 1946 entra nella vita di Useppe e Ida un personaggio che rappresenterà da qui in avanti una sorta di protettore per i due. Si tratta della cagna Bella, trovata da Nino ed entrata a far parte della vita familiare come un uragano.

L'elemento che più emerge dalla descrizione dell'animale è il suo *essere femmina* e la capacità di comprendere Useppe sin dal primo momento. Anche i termini per descriverla riportano al femminile:

[169]*«Occhi di una dolcezza e di una malinconia speciale, forse perché era femmina...», «Corrispondeva, secondo la specie umana, a una ragazzetta di quindici anni...».*

Bella, come già detto, sarà per Useppe una madre adottiva, che si prenderà cura di lui soprattutto quando, dilaniata dal dolore per la morte di Nino, Ida perderà lucidità. Si realizza qui in maniera esemplare la trasfigurazione dell'animale in essere umano dotato di cognizione, pensiero e addirittura linguaggio. L'autrice lascia infatti intuire che Bella e Useppe riescono a comunicare tra loro in una sorta di "intesa speciale", tanto che vengono riportati come in un dialogo le sensazioni, le emozioni dell'animale e le sue chiacchierate con Useppe. Questa evidente trovata finzionale serve alla trama per rendere credibile e veritiera l'importanza che il rapporto tra Bella e Useppe ha nell'intreccio e nel senso non esplicito della storia: Bella arriva per prendersi cura di Useppe, unica creatura che riesce a preservarlo dai pericoli dopo la morte del fratello Nino e la mancanza di lucidità della madre naturale. È la stessa Morante a dircelo esplicitamente:

[170]*«Così, da oggi furono in tre nella casa di via Bodoni; e, da questo medesimo giorno, Useppe ebbe due madri...Ora, l'arrivo della sua nuova madre Bella fu una fortuna per Useppe: giacché attualmente la sua madre Iduzza non solo era vecchia (tanto che certi estranei, vedendola assieme a lui, la presumevano sua nonna) ma anche, nella condotta strana e rimbambita.»*

Non si sente rimprovero o accusa nelle parole dell'autrice ma una

---

[169]   E. MORANTE, *La Storia*, Einaudi, Torino, 1974.
[170]   E. MORANTE, *La Storia*, Einaudi, Torino, 1974, pag 474-475.

semplice rilevazione di un dato di fatto, quasi una certa comprensione.

Laura Lazzari nel suo lavoro intravede nella forte connessione tra Useppe e Bella, nella vicinanza del bambino al mondo animale (Useppe parla con gli uccelli, i canarini, i cani, ecc) un richiamo all'analogia vista prima tra la figura di Useppe e il Cristo, ma sottolinea anche l'importanza del rapporto affettivo tra lui e Bella:

[171]*«Data la sua relazione privilegiata con gli animali e con Dio, il bambino viene rappresentato come una creatura di confine (tra umano e divino e tra umano e animale), un altro elemento topico nel mito dell'eroe. [...]*

[...] Può apparire strano che Morante scelga un cane come madre sostitutiva. Questo è però volto a mostrare come le creature più semplici, maggiormente legate alla natura, sono capaci di dimostrare un amore incondizionato e il loro istinto le porti a prendersi cura dei più deboli, invece di tentare di sopraffarli. Bella starà al fianco di Useppe fino alla sua morte, ricordandogli l'ora di tornare a casa, consolandolo e prendendosi cura di lui durante i suoi attacchi epilettici. Arriverà addirittura a salvargli la vita tuffandosi nel fiume.»

Sarà la stessa Bella a vegliare con Ida il corpo senza vita di Useppe, come a chiudere, in un ultimo abbraccio materno, la vita del bambino. Ed entrambe le madri perderanno la ragione dopo questa morte: Ida finirà in una clinica e smetterà di comunicare con il mondo, Bella sarà soppressa perché cercherà di non fare avvicinare nessuno al corpo del bambino, in un ultimo disperato tentativo di protezione.

L'immaturità del bambino verrà ripresa ancora da Morante nel capitolo successivo (anno 1946) quando, durante un'uscita col fratello, Useppe sorprenderà il ragazzo in atteggiamenti intimi con la fidanzata, ma sembrerà non dare importanza alla cosa. È sempre la Morante a sottolineare questo fatto, provando a giustificare il disinteresse del bambino, prima dicendo che probabilmente Useppe era già avvezzo a scene simili avendo vissuto nella promiscuità dello stanzone di Pietralata, poi facendo esplicito riferimento alle teorie freudiane:

---

[171] L. LAZZARI, *Le relazioni madre-figlia e madre-figlio in due romanzi di Elsa Morante: "La Storia" e "Menzogna e sortilegio"*, da *Rivista svizzera delle letterature romanze*, Zurigo, gennaio 2006, pag 250-251, https://www.e-periodica.ch/digbib/view?pid=ver-001:2006:52::250#251.

[172]*«Useppe in verità era una vivente smentita (ovvero forse eccezione?) alla scienza del Professor Freud. Per essere maschietto, difatti, lo era senz'altro, né gli mancava nulla; ma per ora (e si può credere alla mia testimonianza giurata) del proprio organo virile non se ne interessava affatto, né più né meno che dei propri orecchi o del proprio naso.»*

Il riferimento alla teoria freudiana e alla fase fallica dello sviluppo denota la conoscenza che la Morante aveva dello psicologo ceco e dei suoi scritti. Rimane tuttavia sconosciuto se l'autrice intendesse qui in qualche modo opporsi alle teorie di Freud o se il rimando servisse solo a chiosare in tono umoristico l'accaduto; fatto è che il riferimento a questa caratteristica di assenza di una sessualità nel bambino è stata da alcuni interpretata come l'ennesimo accostamento al divino che ebbe la figura di Useppe, e da altri, come ad esempio Barenghi[173], ad una sorte di pudore dell'autrice nel narrare delle pulsioni sessuali.

Sempre nel 1946 avvengono altri tre episodi utili a contestualizzare il percorso di crescita del bambino:

- il rapporto con la scuola;
- l'avanzare della malattia e il rapporto con i medici;
- la morte del fratello Nino.

Useppe in questa fase ha 5 anni circa e, terminata la guerra, dovrebbe avviarsi verso un miglioramento delle proprie condizioni familiari e personali. Tuttavia, come già accennato nel capitolo dedicato al rapporto tra bambini e guerra, la ripresa economica e sociale non fu così rapida nell'Italia provata dal conflitto. A farne le spese furono soprattutto i nuclei più fragili e meno sorretti da reti familiari forti. È il caso di Ida e Useppe, che pur potendo contare sul lavoro di insegnante di Ida (ripreso dopo il conflitto), non godono di un contesto affettivo e sociale in grado di supportarli nel loro percorso.

Questo ultimo aspetto sarà molto evidente negli episodi elencati più sopra, perché l'isolamento familiare e sociale, la precarietà in cui si verranno a trovare madre e figlio contribuiranno ad aggravare la loro condizione e non consentiranno loro di godere di aiuti esterni e supporti anche morali nella gestione delle problematiche.

---

[172] E. MORANTE, *La Storia*, Einaudi, Torino, 1974, pag.405.

[173] M. BARENGHI, *Tutti i nomi di Useppe. Saggio sui personaggi della «Storia» di Elsa Morante*, in *Studi novecenteschi*, 2001, vol. N. 2.

Nel primo elemento, il rapporto di Useppe con la scuola, assistiamo ad una sopravvalutazione di Ida nei riguardi del figlio. Nonostante sia maestra da tempo, Ida non si rende conto che il bambino non è preparato per l'ingresso alla scuola elementare (ora *primaria*) e lo spinge ad inserirsi, contando sull'esempio e la compagnia degli altri bambini, ritenendolo comunque pronto dal punto di vista della maturità raggiunta. Invece il bambino incontra le prime difficoltà:

[174]*«...fino dai primi giorni, dovette ricredersi. Dinanzi agli esercizi delle lettere e dei numeri, Useppe adesso, a cinque anni compiuti, si mostrava perfino più immaturo che non fosse stato da piccoletto. Si vedeva che il libro e il quaderno rimanevano, per lui, degli oggetti estranei; e forzarlo pareva un'azione contro natura, come pretendere che un uccellino studiasse le note sul pentagramma. Tutt'al più, se gli si fossero forniti delle matite colorate, avrebbe potuto mettersi a tracciare sul foglio delle figure curiose, simili a fiamme, fiori e arabeschi combinati insieme: ma anche di questo gioco si stancava prestissimo. E allora, piantava là il foglio e spargeva in terra le matite con un'impazienza capricciosa, intinta di angoscia. Oppure si interrompeva, come estenuato per lo sforzo, cadendo in una disattenzione trasognata, che lo straniava dalla classe.»*

Anche l'atteggiamento di Useppe nelle mattine in cui la madre lo accompagna a scuola denota un malessere e un'angoscia evidenti.

[175]*«Da principio la maestra assicurava Ida che il suo bambino si abituerebbe meglio alla scuola, col passare dei giorni; ma invece, il suo stato di ansietà peggiorava. Alla mattina, in realtà, usciva con Ida spensierato, forse non ricordando la sua prova quotidiana, e convinto di andare a spasso! Ma all'apparizione della scuola, Ida sentiva la sua manina contrarsi, in una resistenza ancora confusa, mentre i suoi occhi cercavano in lei qualche difesa contro l'oppressione incerta che lo scacciava di là. Era uno strazio per le, lasciarlo solo in quel modo.»*

E ancora:

---

[174]   E. MORANTE, *La Storia*, Einaudi, Torino, 1974, pag 446.
[175]   E. MORANTE, *La Storia*, Einaudi, Torino, 1974, pag 448.

[176]«*Il più del tempo, con grave imbarazzo di sua madre, Useppe teneva una condotta pessima e perfino la sua socievolezza di sempre, qua a scuola, era scomparsa. Tutte le norme della scuola: la clausura, il banco, la disciplina, parevano prove impossibili per lui; e lo spettacolo della scolaresca seduta in fila doveva sembrargli un fenomeno incredibile, poiché non faceva che disturbare i compagni, chiacchierando con loro a gran voce, saltandogli al collo, o colpendoli con qualche pugnetto come per dargli la veglia da un letargo.*»

Viste le difficoltà del bambino è Ida che deciderà di provare a spostare il bambino all'asilo infantile (l'attuale scuola dell'infanzia), ma senza successo. Morante riporta come si assista parallelamente in questo momento ad una modifica dei tratti caratteriali di Useppe, che alterna momenti di apparente calma ad altri di improvvisa aggressività verso la maestra o i coetanei, momenti di ritiro e isolamento dal gruppo ad altri di pianto o lamento silenzioso, allegria alternata a grande malinconia. Accanto a questi vengono anche descritti episodi di sonnolenza con aggressività al risveglio, sonnambulismo, episodi di rabbia e singulti muti durante un gioco di attenzione (troppo difficile per lui), urla e dolore. Useppe arriva a scappare in lacrime, dalla classe, per raggiungere sua madre al lavoro, fino a quando, al termine di alcune fughe, la maestra non lo vorrà più in classe e lo caccerà dalla scuola. Gli episodi vengono riportati a Ida dalla stessa maestra: il bambino, dopo le crisi, sembra non ricordare quanto accaduto:

[177]«*Useppe stava là vicino con gli occhi grandi e meravigliati, come se lui stesso non riconoscesse quel bambino strano; e tuttavia sembrava dire: «non so perché mi succede questo, non è mia colpa, e nessuno può darmi aiuto...*»

Questi ultimi passaggi sono ricchi di sollecitazioni relative non solo alle conseguenze che l'ambiente di crescita sembra aver lasciato in Useppe (i primi anni in un ambiente materialmente deprivato, i traumi, la non abitudine a stare e a confrontarsi con i pari in un contesto di socializzazione, l'incapacità di elaborare il distacco dalla madre) ma anche l'atteggiamento espulsivo della scuola e l'inadeguatezza dei docenti nell'aiutare e supportare madre e bambino in queste situazioni,

---

[176]   E. MORANTE, *La Storia*, Einaudi, Torino, 1974, pag 446.
[177]   E. MORANTE, *La Storia*, Einaudi, Torino, 1974, pag 448.

la fragilità di Ida di fronte all'ennesima prova, l'avanzare e il ripresentarsi della «malattia oscura» e innominata, che sembra celare, tra le righe, il consolidarsi di disturbi multi sistemici dello sviluppo.

Dopo questi episodi emerge lampante la difficoltà di Ida nel reagire e nel trovare possibili aiuti. Così ne parla Morante:

[178]*«Sprovveduta com'era di ogni risorsa, essa non trovò altro rimedio che di lasciarlo solo dentro casa, chiudendo con doppia chiave l'uscio d'ingresso.»*

Il rinnovato isolamento di Useppe pare l'ennesima condanna di fronte alle sue fragilità e difficoltà, ma anche l'ultimo disperato tentativo di Ida di preservarlo dagli attacchi e dalle fatiche del mondo. Così Ida tenderà a circoscrivere sempre più lo spazio destinato a lei e al figlio, creando una sorta di barriera tra loro ed il mondo:

[179]*«Il deterioramento era cominciato, in realtà, fin dal principio dell'autunno, con l'esilio di Useppe dalla scuola. Benché fosse stato lo stesso Useppe a esiliarsi (per quell'istinto che caccia gli animali feriti nei nascondigli), Ida a quel colpo, magari senza accorgersene, si era sentita offesa carnalmente dall'intero mondo degli altri: quasi che costoro avessero buttato Useppe nell'ultima zona dei paria. E in questa zona lei stessa, con lui, scelse di stare definitivamente: il suo vero posto era là.»*

Entra in gioco a questo punto la diade composta dai due medici che proveranno a prendere in cura Useppe e che saranno per Ida l'ultima speranza di curarlo, prima di lasciarsi vincere dalla rassegnazione. Si tratta di due figure, una maschile e una femminile, che giocano nel testo due approcci differenti nei confronti dello stesso problema: la dottoressa, più accogliente e compassionevole, cercherà di aiutare Ida procurandole una serie di esami e farmaci utili alla patologia del bambino e fissando per lei una visita con un altro medico, il primario appunto. Quest'ultimo risalta nel romanzo per la freddezza e metodicità con cui affronta il bambino e si approccia a lui: severo nei modi e

[178]   E. MORANTE, *La Storia*, Einaudi, Torino, 1974, pag 451.
[179]   E. MORANTE, *La Storia*, Einaudi, Torino, 1974, pag 476.

nell'aspetto, duro nei comportamenti con il piccolo paziente, anaffettivo e distante nelle sue posizioni, sarà subito rifiutato da Useppe e mal digerito da Ida. Dirà di questa diade Diafani:

[180]*«La loro funzione narrativa è dare un nome perentorio al male: non inibirlo, non spiegarlo – tutti i 'perché' sono inevasi nella Storia, compresa una spiegazione scientifica della malattia. [...]. Accanto a questa funzione quasi escatologica, i due medici però si configurano come gli eredi di una lunga tradizione di scienza medica settecentesca e ottocentesca, quella che correla povertà e malattia, alimentazione e dolore, nelle parole della Dottoressa: «è magrolino... si capisce, è un prodotto di guerra». [...] Aggiornati ai tempi, le loro profezie sono le diagnosi e i loro incantesimi sono lo sciroppo e le gocce, ma, come gli incantesimi e le profezie, non risolvono se non temporaneamente: spostano, procrastinano e infine confermano l'esito del destino; anzi, ne sembrano soltanto i portavoce.»*

Spetta quindi a loro il compito di anticipare quello che sarà il tragico finale del libro e il destino segnato del piccolo Useppe.

In questa sorta di strada che scivola via via verso il baratro e l'epilogo drammatico del romanzo, si inserisce prepotentemente la morte di Nino. Questo evento ha il duplice effetto di indebolire ancora di più la sempre più fragile Ida, che vivrà la morte del figlio come uno strappo viscerale, e di isolare Useppe, che, per contrasto, non saprà mai direttamente dalla madre della morte del fratello ma lo intuirà, scegliendo però di chiudersi nel mutismo e di non affrontare mai la questione.

Dicono a questo proposito Tiziana de Rogatis e Katrin Wehling-Giorgi nel loro saggio:

[181]*«Ma se il trauma è indicibile rimane invece sempre dicibile, e*

---

[180] L. DIAFANI, *I medici di Elsa Morante - Sulla* Storia *come romanzo della «disintegrazione»*, In *Letteratura e Scienze* - Atti delle sessioni parallele del XXIII Congresso dell'ADI (Associazione degli Italianisti), Pisa, 12-14 settembre 2019, a cura di Alberto CASADEI, Francesca FEDI, Annalisa NACINOVICH, Andrea TORRE, Roma, Adi editore 2021, pag 4-5.

[181] T. DE ROGATIS-K. WEHLING-GIORGI, Il *realismo traumatico e la poetica del trauma nell'opera di Elsa Morante*, in «Allegoria», XXXIII, 2021, 83, pp. 169-183.

anzi creativamente potente, la rappresentazione delle zone d'ombra e delle dimensioni liminali che il trauma genera. Nel caso di Useppe, per esempio, la perdita è – per un verso – connessa con il silenzio: in molti passaggi della Storia, ricorre la quasi identica e formulaica sentenza di silenziamento: «non ne parlò più» (s 257); «né Ida gliene riparlò più» (s 249); «da allora non domandò più di lui» (s 347 etc.).»

La morte di Nino è ben descritta in relazione alla reazione di Ida, al suo dolore e alla sua somatizzazione. Dovendone riconoscere il corpo a seguito dell'incidente di cui è rimasto vittima, Ida attraversa la città in una specie di buio mentale, per recarsi all'Obitorio.

«All'atto di riconoscerlo, la sensazione immediata di Ida fu una feroce lacerazione della vagina, come se di nuovo glielo strappassero di là. Diversamente da quello di Useppe, il parto di Nino era stato terribile per lei, seguito a un travaglio lungo e difficile, e quasi l'aveva dissanguata.»

Ritorna qui l'uso del corpo come elemento viscerale e primordiale, l'istinto del materno e la drammaticità ad essa correlata.

Ida sceglie anche in questo caso di preservare Useppe dalla sofferenza e dalle conseguenze che la notizia della morte di Nino avrebbe procurato in relazione al suo precario stato psicologico, sforzandosi di non piangere davanti al bambino e negandosi quindi anche l'elaborazione del lutto, nella paura che anche il minimo cedimento l'avrebbe condotta alla follia e di conseguenza avrebbe allontanato Useppe da lei. Ida comincerà da questo momento in poi a soffrire di visioni e deliri, che la colpiranno non solo di notte ma anche di giorno, arrivando a colpevolizzarsi per la morte del primogenito.

3.4 – 1947 – Epilogo

Nell'ultimo capitolo del libro tutte le vicende sembrano confluire in direzione di un progressivo distacco di Useppe dal mondo reale e di un progressivo avvicinamento alla morte.

Dal punto di vista fisico il bambino è sempre più provato dagli attacchi e sempre più deperito. Il suo universo torna ad essere confinato tra le mura di casa, quasi un ritorno al confine materno, ad eccezione delle fughe compiute in compagnia di Bella verso la campagna romana.

Dal punto di vista dello sviluppo il bambino, a quasi sei anni, ha ancora grandi difficoltà nel pronunciare correttamente le parole (dice ancora *tì* per dire *sì, scivere* per *scrivere),* non frequenta i suoi pari (la sua unica compagnia sono i cani randagi) ma la cagna Bella, sua protettrice e guida durante le uscite in città.

Useppe ha come quasi unica abituale attività quella del disegno, ma anche qui i suoi disegni appaiono confusi e in qualche modo non tipici per l'età. I segni riprodotti, e che negli scopi del bambino dovrebbero rappresentare le rondini, in realtà sembrano ancora ancorati ad uno stadio che Luquet individuava del *realismo mancato,* ovvero a quella fase in cui, pur avendone l'intenzione, il bambino non riesce a rappresentare gli oggetti che vuole disegnare, come gli appaiono in realtà. È questa una fase tipica dei bambini dai 2 anni e mezzo ai 5 anni, che precede quella del *realismo intellettuale,* in cui il bambino diventa più abile nella rappresentazione attraverso il disegno. Useppe, pur avendo ormai quasi 6 anni, fatica ancora a rendere su carta le immagini che lo interessano e lo circondano.

[182]*«Il disegno rimasto sulla tavola era tutto un arabesco di anelli, sprazzi e spirali rossi, versi, turchini e gialli; e lui stesso fieramente spiegò a Ida: «Sono le rondini!» indicando con la mano, di là dalla finestra, i suoi modelli che scavallavano per l'aria. Ida lodò il disegno, che difatti le pareva bellissimo, per quanto a lei stessa incomprensibile. Ma lui, dopo avergliene insegnato il soggetto, strizzò il foglio nel pugno e lo buttò nella spazzatura. Questa era la fine a cui destinava sempre i suoi disegni.»*

Ida, dovendo necessariamente lavorare, affida Useppe alle cure di una giovane balia, ma è Bella il vero punto di riferimento per Useppe

[183]*"Per forza, Ida finì con l'affidare del tutto Useppe a Bella. Essa sentiva con certezza che la propria fiducia non era sbagliata: e del resto che altro avrebbe potuto fare?»*

Gli attacchi del bambino si susseguono più forti e lo lasciano

---

[182] E. MORANTE, *La Storia*, Einaudi, Torino, 1974, pag. 499.
[183] E. MORANTE, *La Storia*, Einaudi, Torino, 1974, pag. 495.

109

sempre sfinito. Ida capisce che l'evolversi della malattia è rapido e comincia a presagire un brutto epilogo al male. Il bambino sembra più consapevole di quanto gli accade e chiede alla madre "*pecché?*", quasi a voler cercare una spiegazione a quella sofferenza.

Inoltre, il bambino comincia a manifestare alcuni atteggiamenti anomali, come dondolare la testa mentre pronuncia alcune parole, spaventarsi per il minimo rumore e, al contempo, sentire il bisogno di scappare. Ha anche delle crisi durante la visita con il noto primario denominato "il Professore", scalcia, cerca di strapparsi i vestiti.

Anche l'esito delle ultime visite pare non offrire diagnosi certe. L'unica definizione a questo male è così descritta:

[184]«*Sindrome morbosa generalmente inspiegata circa alle cause e imprevedibile circa al decorso*»

Il medico esclude una causa ereditaria, ipotizza un collegamento con la denutrizione del bambino, ma senza fornire risposte a Ida. La quale, stremata e disperata, comincia a rinnegare il parere del medico e a non accettare la condizione del figlio.

[185]«*Lei non voleva che Useppe fosse malato: Useppe doveva essere un bambino come gli altri.*»

Interessante è l'analisi di Bowlby, nel terzo volume della sua trilogia dedicata alle teorie dell'attaccamento, relativamente alla condizione vissuta dai genitori che hanno un figlio gravemente malato:

[186]«*Per i genitori di figli condannati a morte da una malattia, il processo di lutto ha inizio fin dal momento in cui vien loro comunicata la diagnosi. Tale processo comincia, come accade per i vedovi e le vedove, con una fase di stordimento, spesso interrotta da scoppi di collera. [...] La seconda fase, è invece diversa... [...], i genitori non solo non credono che la diagnosi sia giusta, ma soprattutto non credono nella prognosi...cercano di serbarsi il figlio, dimostrando che il medico si è sbagliato.*»

---

[184] E. MORANTE, *La Storia*, Einaudi, Torino, 1974, pag 505.
[185] E. MORANTE, *La Storia*, Einaudi, Torino, 1974, pag 506.
[186] J. BOWLBY, *Attaccamento e perdita*, Bollati Boringhieri, Torino, 1^ ed. 1999- 2^ ed. 1982, vol. 3, pag. 143-144.

La stessa Ida inizialmente è molto fiduciosa che le cose possano cambiare, arrivando a pensare di portare Useppe al mare per qualche giorno, ma poi si arrende all'evidenza.

Nell'ultima fase della sua vita Useppe scoprirà un luogo speciale, una sorta di radura nei dintorni del Tevere, dove passerà le sue giornate con Bella, sempre al suo fianco come un'ombra.

È questo uno degli episodi più simbolici del romanzo, che ha conosciuto diverse critiche ed interpretazioni.

Si tratta della famosa radura circolare nella quale il bambino, come protetto magicamente dal mondo esterno, ascolta il frusciare degli alberi e il cinguettio degli uccelli che, nella ricostruzione del romanzo, sembrano poter cantare con parole che solo Useppe e Bella possono capire. Useppe sembra sempre più in preda alle allucinazioni e ai deliri.

Martinez dice di questo luogo naturale:

[187]*«Il bosco è per eccellenza lo spazio mitico delle fiabe e dei racconti infantili, il luogo magico ed anche sacro dove avvengono le rivelazioni e si celebrano i misteri. Il bosco costituisce un centro assoluto, gremito da esseri fantastici. In esso, e soprattutto nelle sue radure, chiari «spazi unici», il dio, cioè l'altro, fa dono agli eletti dei beni meravigliosi: la musica, la poesia e l'arte. Elsa Morante predilige i boschi fantastici e fiabeschi fin dalle sue prime narrazioni per l'infanzia»*

E, in questo luogo del magico (sempre per richiamare la lettura che ne fornisce Garrido Martinez), il bosco crea un legame assoluto con la figura di Useppe e con le sue capacità poetiche di dialogare con gli uccelli, principali messaggeri dell'aldilà. L'associazione della figura di Useppe con quella di S. Francesco d'Assisi incorona definitivamente il bambino come portatore del messaggio religioso e mistico che pervade questo personaggio.

Nelle ultime sue settimane il bambino avrà l'occasione di conoscere Scimò, un dodicenne scappato dal riformatorio (quello stesso Istituto nel quale lavorava Augusto Morante, padre di Elsa). La sua figura,

---

[187] E. Martìnez Garrido, *Il bosco de "La Storia"*, in Cuadernos de Filologia italiana, Universidad Complutense de Madrid, 2015. https://www.researchgate.net/publication/276112643_Il_bosco_de_La_storia,

come quella di altri bambini e adolescenti inseriti nel romanzo, sarà oggetto di specifica analisi nel capitolo a seguire.

Ma anche questo nuovo incontro con una figura maschile sarà destinato involontariamente a deludere Useppe, come lo era stato per Nino. La promessa di un'amicizia vera esalterà Useppe che si ritroverà di nuovo felice e speranzoso solo per pochi giorni, in quanto Scimò sarà fermato dalle autorità e rinchiuso nuovamente in istituto.

Nel corso di questa breve amicizia Useppe sarà sedotto e affascinato dai racconti di vita di Scimò, che gli appariranno straordinari in relazione alla sua esperienza di vita e che faranno dire alla Morante

[188]*«Useppe rimase convinto definitivamente che quei misteriosi personaggi menzionati da Scimò dovevano essere senz'altro creature spettacolari, di una magnificenza eccelsa! E se li figurò nel pensiero come qualcosa di mezzo tra la Befana, i Sette Nani, e i Re delle carte»*

Ancora una volta la psicologia ingenua, in questo caso in linea con le tappe di sviluppo dell'età, arriva in soccorso del bambino e gli consente di trovare una spiegazione ad eventi e mondi non conosciuti.

Ma questo episodio rimarrà l'unico positivo all'interno di una carrellata di eventi che sembrano accompagnare la fine drammatica della storia. Useppe, sempre più preda del male, avrà attacchi via via più importanti e più consapevoli, almeno negli istanti che li preannunciano. Nel suo rendersi conto, seppur ancora piccolo, di quanto gli sta accadendo, sarà colpito dal pianto e poi dal riso, in un'alternanza drammatica. Arriverà a buttarsi nel fiume, pur non sapendo nuotare, per sfuggire alla "cosa" che lo attanaglia. Solo l'intervento di Bella, ancora una volta madre protettrice, lo salverà da morte certa. Useppe arriverà addirittura a pensare che a causa del suo male tutte le persone vogliano isolarlo ed evitarlo.

La fine di Useppe viene gradualmente annunciata dal suo progressivo isolamento e ritorno al materno. Nei giorni seguiti alla morte di Davide, altra figura amica di Useppe che (colpito dalla guerra e dalle persecuzioni a cui è stato sottoposto in quanto ebreo) finirà vittima della droga e morirà per un'overdose, Useppe ricercherà sempre più la presenza e il corpo di Ida, nel quale si rifugerà in cerca di conforto.

---

[188]   E. MORANTE, *La Storia*, Einaudi, Torino, 1974, pag 542.

[189]*«Useppe le si riparò in petto continuando a lagnarsi: «a mà...a
mà...», però senza darle spiegazione e, incapace di trovare risposta alle
sue domande ansiose. Evitava di voltarsi indietro, e i suoi occhi inquieti
e attoniti non guardavano nulla. Alle carezze, tuttavia, si rasserenò un
poco, e Ida preferì non insistere troppo con le domande. Per buona
parte del pomeriggio il bambino le si tenne appeso alle sottane,
sussultando a qualche rumore più forte dalla strada o dai cortili. Infine
Ida con estrema dolcezza, ancora una volta lo interrogò sulla causa del
suo spavento, e lui dapprima borbottò qualche frase convulsa, e quasi
pretestuosa, su un certo camion «grosso grosso» che ha schiacciato un
bambino, e «va a foco» e su certa «acqua grossa, scura»; ma poi d'un
tratto rabbiosamente proruppe «tu ce lo sai, a' mà! Tu ce lo sai...» e le
tirò un pugno, uscendo in un pianto straziato.»*

e ancora:

*«E s'era fatto voglioso di carezze più assai del solito, tenendosi
sempre vicino a Ida, coi modi di un gattino o addirittura di un seduttore
innamorato. Le prendeva una mano e poi se la passava sulla faccetta,
oppure le baciava la veste, ripetendole: «Me vòi bene, a' mà?»*

È possibile qui ritrovare un richiamo a quanto riportato nelle teorie
dell'attaccamento di Bowlby[190], dove è delineata una relazione tra la
tipologia e la forza dell'attaccamento e alcune specifiche condizioni e
caratteristiche che lo possono condizionare, quali:
- le condizioni in cui si trova bambino: stanchezza, fame,
  malattia, dolore, freddo sono alcune delle caratteristiche che
  possono influenzare la qualità e i tempi dell'attaccamento;
- gli spostamenti e il comportamento della madre: la presenza o
  al contrario l'assenza, specie se prolungata, della mamma
  possono ridurre l'intensità del legame di attaccamento;
- le condizioni ambientali: avvenimenti allarmanti, modificazioni
  da parte di adulti o di altri bambini possono condizionare
  l'efficacia del legame
Più il bambino si trova a sperimentare alcune o più di queste

---

[189] E. MORANTE, *La Storia*, Einaudi, Torino, 1974, pag 619.
[190] J. BOWLBY, *Attaccamento e perdita*, Bollati Boringhieri, Torino, 1^ ed. 1999- 2^
    ed. 1982, vol. 1, pag. 203.

condizioni, più forte si mostrerà la tendenza a ricercare il conforto della madre che, se adeguata, potrà rispondere con azioni di rinforzo del legame o, al contrario di indebolimento dello stesso.

In questo caso il forte legame tra Ida e Useppe, fa in modo che il bambino ricerchi un rifugio sicuro in lei.

Negli stessi giorni, la dottoressa che aveva preso in cura Useppe, cerca di dare una speranza, seppur flebile a Ida, pur essendo consapevole della fine prossima del bambino:

[191]*«Ora la dottoressa, in realtà, non avrebbe saputo lei medesima spiegarsi che cosa avesse letto, quel giovedì, nello sguardo di Useppe. Era stata come la lettura di una parola esotica, e che tuttavia le significava qualcosa di irrimediabile e già lontano. Il fatto è che quegli occhietti (consapevoli senza saperlo) dicevano a tutti quanti, semplicemente, addio.»*

Useppe sarà colto da un'ennesima crisi durante una delle ultime uscite con Bella, nel corso di una rappresaglia da parte di alcuni ragazzini, bulletti di periferia, incontrati alla radura. Bella lo veglierà per poi andare a chiamare Ida, che troverà il figlio stremato e addormentato nella radura circolare.

Da questo momento in poi Ida vivrà nel terrore della prossima fine e tenderà a controllare compulsivamente ogni movimento del figlio, sia di giorno che di notte.

[192]*«Il suo corpo, fra la penombra dorato-azzurrastra, si mostrava ancora rimpicciolito, fino alla misura di un bambolino che quasi non disegnava nessuna sagoma sotto il lenzuolo, come già all'epoca della fame a Via Mastro Giorgio. Ma stanotte, finché il bambolino era suo, qua al sicuro nella loro stanza, Ida credeva di udire nel suo respiro il battito di un tempo inconsumabile.»*

In questa scena simbolica è racchiuso tutto il senso del ruolo materno del romanzo. Il ritorno alla prima infanzia, alla nascita è l'emblema di questo viaggio nella vita che si conclude dove tutto era iniziato. In questa ritrovata unione tra la madre e il figlio, si ricompone

---

[191]   E. MORANTE, *La Storia*, Einaudi, Torino, 1974, pag 542.
[192]   E. MORANTE, *La Storia*, Einaudi, Torino, 1974, pag 642.

l'essenza della vita, viaggio dipinto come tentata, ma vana, corsa per la salvezza.

Dice a proposito Giovanna Rosa:

[193]*«...ormai lo sappiamo, nessuna genitrice, neppure se matrigna o controfigura animalesca, può salvare chi varca la soglia del limbo infantile. In tutte le sequenze che descrivono gli insulti del grande male, la narrazione oscilla fra il registro certificatorio teso a dar conto della natura fisiopatologica della sindrome epilettica e le note accoratamente sfumate che alludono agli eventi d'indole emotivo-psicologica, per approdare conclusivamente ai timbri accesi del simbolismo arcano: e alla fine «la strage del bambinello Useppe Ramundo» può acquistare il valore di un sacrificio estremo.».*

A questo punto la consapevolezza di Ida relativamente alla prossima morte del figlio si fa strada in maniera nitida, come ben analizzato da Bowlby:

[194]*«Con il progredire della malattia e il peggiorare del figlio, la speranza svanisce. Sono tuttavia pochi i genitori che si disperano completamente finché il proprio figlio è vivo...»*

Per tutta la giornata che vedrà Useppe vittima di un'ultima fatale crisi Ida avrà molte sensazioni, anche fisiche, di quanto sta per accadere, una sorta di "malessere insostenibile", di premonizione che la colpirà nella mente e nel corpo. Nonostante questo, uscirà per recarsi a scuola, cercando di mantenere tutto sotto controllo e non mostrando agli altri la sua sofferenza.

Così, nel giorno dell'ultimo fatale attacco di Useppe, la corsa sfrenata da scuola a casa assume allora per Ida i contorni di una realtà parallela, dove a guidarla è una sorta di urlo, di lamento che la attira verso l'appartamento. Lì troverà Useppe senza vita, sdraiato a terra con le braccia aperte, come in un richiamo al Cristo in croce. Ma anche in questo ultimo momento è la paura a impedirle di far esplodere il suo dolore:

---

[193] G. Rosa, *Elsa Morante*, Il Mulino, Bologna 2013, pag. 139.
[194] J. Bowlby, *Attaccamento e perdita,* Bollati Boringhieri, Torino, 1^ ed. 1999- 2^ ed. 1982, vol. 3, pag. 149.

[195]*«Ida provò lo stimolo di urlare; ma ammutolì a un ragionamento immediato: «Se grido, mi sentiranno, e verranno a portarmelo via...».*

È un ultimo, vano tentativo: a partire da questo momento il dolore invade Ida e la spinge alla pazzia. Prima con lamenti flebili, poi con lo straniamento dalla realtà. La lotta impari di Ida per controllare e nascondere il suo mondo interiore è ormai persa. Così la troveranno e così rimarrà fino alla fine dei suoi giorni.

[196]*«Ida prese a lagnarsi con voce bassissima, bestiale: non voleva più appartenere alla specie umana. La ragione, che già da sempre faticava tanto a resistere nel suo cervello incapace e pavido, finalmente aveva lasciato dentro di lei la sua presa»*

Dice in conclusione di romanzo Morante:

«Essa, in realtà, era morta insieme al suo pischelletto Useppe (al pari dell'altra madre di costui, la pastorella maremmana).»

È come se Ida avesse resistito sino a quel momento solo per adempiere al suo ruolo di madre. Un ruolo che per Ida è l'unica ragione che tiene in piedi la sua fragile identità. Dice Giovanna Rosa a tale proposito:

[197]*«Quanto più la donna si smemora e si perde, tanto più a sorreggerla è un istinto altrettanto potente che la trattiene al di qua della soglia della paralisi: c'è sempre Useppe a galvanizzzare la vitalità alacre. A distoglierla dalla sua ordinaria estasi negativa e il battito del piccolo cuore, durante gli allarmi, il moto «cieco e ansioso» di una fame avida, il «tic tic tic» degli scarponcini dopo la morte del fratello: sempre, ciò che conta è la spinta energetica che promana dall'assunzione piena dei doveri materni»*

Terminato il suo ruolo di madre, Ida vivrà formalmente ancora nove anni dopo la morte del figlio, ma non parlerà più, rifiutando il contatto con il mondo. È come se tutto si riconducesse là dove era iniziato,

---

[195] E. MORANTE, *La Storia*, Einaudi, Torino, 1974, pag 646.
[196] E. MORANTE, *La Storia*, Einaudi, Torino, 1974, pag 647.
[197] G. ROSA, *Elsa Morante*, Il Mulino, Bologna 2013, pag. 134-135.

ovvero alla madre, fonte da cui tutto prende vita e a cui tutto fa ritorno.

Sostiene Gioanola:

[198]*«Il nodo è rappresentato dal carnale e viscerale rapporto tendenzialmente identificativo di madre e figlio: qui è la vera ed eterna ossessione che segrega il personaggio morantiano dalle cadenze comuni della vita e della storia, nel nome di un paradiso perduto che è insieme nido e carcere, beatitudine e dannazione. E' questo «intrigo puerile» a sbarrare la crescita del figlio, ma anche a preservarlo dai «sordidi sepolcreti» della normalità e della regola, aprendogli l'accesso all'inesauribile ricchezza dell'assurdo contro la riduzione dell'esistenza ai «falsi della logica».»*

Dice ancora Bernabò sul ruolo di Ida come madre:

[199]*«Nino e Useppe, per quanto psicologicamente ben definiti, in fondo nel libro sono costantemente guardati con gli occhi materni di Ida, rientrano in un sistema che in lei trova il suo centro...»*

A richiamare ancora gli innesti biografici che Morante si consentì in questo libro, Dedola rivede nel ritorno al materno alcuni passaggi fondamentali della vita dell'autrice:

[200]*«Nel finale, la morte di Useppe causata dal Grande Male, l'abbattimento di Bella, l'ebetudine di Ida, sono giustapposti. Dietro di loro si stagliano «due lutti» che hanno gettato la vita di Elsa nella desolazione del dolore: la morte di Bill e quella della madre, già affrontate nel "Mondo salvato dai ragazzini".»*

L'analisi qui condotta ha permesso di rilevare come la crescita del piccolo Useppe abbia sicuramente risentito delle condizioni precarie in cui si è trovato a vivere: prima, durante il conflitto, egli ha tentato con tutte le sue risorse e nonostante una madre ansiosa e preda della

---

[198] E. GIOANOLA, *Psicanalisi e interpretazione letteraria*, Jaca Book, Milano, 2005, pag 364.

[199] G. BERNABÒ, *Come leggere La Storia di Elsa Morante*, Mursia, Milano, 1991, pag. 57.

[200] DEDOLA, *L'incantatrice*, Lindau, Torino, 2022, pag. 393

malattia, di andare incontro alle tappe del suo sviluppo con gli strumenti per lui disponibili.

Successivamente, al termine della guerra, in un momento in cui la speranza avrebbe dovuto caratterizzare anche la sua fase di sviluppo e avviarlo verso una situazione migliore, l'emergere della malattia ed il fragile contesto familiare e sociale ne hanno condizionato il destino.

Mi sembra utile richiamare qui un parere riportato dallo psicologo Winnicott contenuto nel suo lavoro *Il bambino deprivato:*

[201]*«...dove viene subìta una perdita, là ci si deve aspettare un segno manifesto di disagio, e quando non si verifica una simile reazione, è possibile che esista un disturbo a livello più profondo.»*

La perdita può essere non solo di un essere caro, di un familiare o una figura rappresentativa, ma anche dell'ambiente rassicurante e protettivo di cui il bambino ha necessariamente bisogno nella sua crescita.

Nel nostro caso Useppe le ha subite entrambe e forse, i segni fisici e psicologici che lo portano alla morte derivano proprio da queste perdite: della sua casa, delle sue abitudini e sicurezze, del cane Blitz, del fratello Nino e dell'amico Davide.

Questa serie di traumi subiti dal piccolo Useppe hanno di fatto contribuito ad indebolire il fisico a la psiche del bambino attraverso una serie di effetti a lunga durata, che si sono accumulati lungo la sua vita e che alla fine ne hanno minato la sopravvivenza. Come sostenuto anche da Freud, gli effetti dei traumi sulla psiche non sono sempre immediati, ma vengono recepiti "in differita" rispetto a ciò che li ha generati. Così è stato per Useppe, nel quale anche la già citata resilienza non è riuscita ad arginare le conseguenze di episodi e condizioni traumatiche da lui vissute nella sua breve vita.

Provando ad uscire dal romanzo, forse, se supportato da medici e specialisti, da un contesto sociale attento, da servizi efficaci, Useppe avrebbe potuto, come succede a molti bambini provenienti da contesti bellici e/o da situazioni di deprivazione, recuperare e reindirizzare le tappe del suo sviluppo, per diventare un ragazzo ed un adulto "risolto".

Ma l'insieme dei fattori che ne hanno causato la fine (storici, sociali, familiari e personali) non ha trovato una risposta adeguata né nel contesto materno e familiare, né in quello educativo e sociale.

[201] D. WINNICOTT, *Il bambino deprivato*, Cortina editore, Milano, 1986, pag. 6.

Useppe rimane purtroppo un "prodotto di guerra", per usare il termine utilizzato dai due medici per definirlo, e come tale condannato.

Parallelamente il suo essere "fanciullo divino" ha regalato al romanzo e all'immagine dell'infanzia una caratteristica di poesia e di incanto che ne ha fatto uno dei personaggi infantili meglio descritti nella letteratura della seconda parte del '900.

Comunque lo si guardi, come "pischelletto" o come "fanciullo divino", rimane l'esempio di quell'infanzia, deprivata ma resiliente, che ha caratterizzato gli anni della Seconda guerra mondiale e della successiva rinascita.

Capitolo quarto

Nino e gli altri giovani e adolescenti del romanzo

Come già anticipato nei precedenti capitoli, l'universo *Morantiano* è popolato in maniera consistente non solo dai protagonisti delle storie ma anche dai comprimari, ovvero quei personaggi che gravitano intorno ai protagonisti, interagiscono con loro condizionandone il percorso, li sostengono e li guidano nello scorrere della narrazione.

Non solo: sono anche strumenti nelle mani dell'autrice per far emergere meglio le caratteristiche dei protagonisti, ponendosi in sinergia o in contrasto con esse, esaltandone i tratti, i punti di forza e le debolezze.

Nel caso di Elsa Morante, la descrizione dei personaggi secondari è condotta con estrema maestria: attraverso una raffigurazione attenta, l'autrice riesce spesso a cogliere quegli aspetti salienti e rappresentativi, utili non solo ad accompagnare le vicende dei protagonisti, ma anche a dotare i personaggi minori di dignità narrativa che a volte li innalza al ruolo di protagonisti di interi passaggi, rendendoli indispensabili al testo. Inoltre, attraverso l'apporto di questi personaggi, è possibile per Morante declinare ed affrontare alcune tematiche specifiche rappresentative dell'epoca in cui esso si svolge (nel caso de *La Storia* rappresentate dalla povertà, la delinquenza minorile, le dipendenze, ecc.).

Altro importante ruolo che i comprimari assumono verso la scrittura è quello di contribuire a tracciare interessanti caratteri rappresentativi dell'universo umano, in tutta la sua ricchezza e varietà.

Con specifico riferimento al lavoro di questa tesi, ho ritenuto utile riportare in questo capitolo alcuni esempi di personaggi secondari che, in quanto appartenenti alla fascia infantile/adolescenziale/giovanile, possono risultare di interesse per inquadrare meglio la condizione dei bambini e dei giovani, italiani e non, in tempo di guerra.

4.1 – Nino

Il primo personaggio che, anche solo per l'importanza che riveste nella narrazione, mi sembra fondamentale analizzare, è sicuramente quello di Nino, fratello maggiore di Useppe, che, più che un personaggio secondario, può essere considerato un vero e proprio coprotagonista del romanzo.

Nino, infatti, oltre a rappresentare un co-gregario nella storia dei due protagonisti (Ida e Useppe) e pur essendo utilizzato allo scopo di mettere in evidenza alcuni aspetti specifici di questi due personaggi, condensa su di sé molte caratteristiche tipiche degli adolescenti e dei giovani dell'epoca, così amati da Morante e che ebbero nell'ascesa del Fascismo e nella sua successiva caduta un ruolo di prim'ordine.

Nino nasce nel maggio 1926, figlio primogenito di Ida e Giuseppe Ramundo. All'epoca dei fatti narrati in apertura di romanzo quindi Nino è un adolescente di quindici anni, al quale vengono dedicate nel primo capitolo ben due pagine e mezzo di descrizione.

Nino appare come uno studente svogliato, che passa molto tempo fuori casa e che sta cercando di definire il suo posto nel mondo, tanto da farlo paragonare da Morante ad un [202]*«fringuelluccio evaso»* o, da Garboli, ad un [203]*«Achille impaziente di crescere»*.

Le sue richieste alla madre assumono in questo senso le sembianze di una brama spasmodica di autonomia e riconoscimento della sua condizione di "nuovo adulto" che si affaccia al mondo: avere le chiavi di casa, rincasare tardi, avere dei soldi da spendere per comprarsi abiti nuovi e passare le serate con gli amici. La scena delle chiavi, finalmente conquistate dopo lunghe trattative con la madre, rappresenta un vero e proprio rito di passaggio all'età adulta

[204]*«Alla fine, non avendo più resistenza e preoccupandosi, fra l'altro, che lui, così discinta, le riconoscesse il ventre ingrossato, essa si rassegnò a cedergli il famoso diritto delle chiavi. E quella serata per lui fu un fasto, pari all'iniziazione virile nelle tribù. Uscì di casa a volo senza salutare, coi riccetti che parevano tanti campanelli.»*

---

[202] E. Morante, *La Storia*, Einaudi, Torino, 1974, pag 88.
[203] C. Garboli, Introduzione a *La Storia*, Einaudi, Torino, prima edizione 1974, ultima edizione 2014, pag XIII.
[204] E. Morante, *La Storia*, Einaudi, Torino, 1974, pag 88.

L'adolescenza di Nino è descritta con ricchezza di dettagli dall'autrice, che ne coglie la sua fame, reale e figurata (definita "turbolenta e insaziabile"), la sua irruenza, la sua strabordante agitazione, che ricordano molto, come sottolineato anche da Carola Susani[205], i personaggi pasoliniani.

Nino si proclama orgogliosamente fascista, ma gira per casa cantando a squarciagola e storpiando in maniera ironica gli inni del regime, quasi a voler sfidare i controlli dell'epoca. Durante i bombardamenti, mentre Ida e gli altri sono spaventati dalle sirene antiaeree, lui si mostra freddo e impertinente, arrivando ad ignorare gli allarmi notturni e a rimanere a letto, sprezzante del pericolo:

[206]*«Tanto, che ce fa, a noi la sirena? A mà, non lo vedi che qua non succede mai niente? Bombe inglesi, sì! Bombe carta!!»*

L'innato egocentrismo che spinge Nino a vivere i fatti del mondo e le relazioni personali come eventi e contesti che devono piegarsi alla sua volontà e alle sue esigenze lo spinge a muovere nei confronti di Ida alcuni personali ricatti emotivi che poggiano sulla fragilità ed il timore della madre, e che fanno di lei l'oggetto di continue richieste "al rialzo".

La donna, che si vive in una condizione di inferiorità nei confronti degli altri e che cerca in ogni modo di preservare sé stessa e i figli da qualunque pericolo, concede al figlio maggiore ogni pretesa non riuscendo a tenergli testa e temendo che la sua irruenza possa in qualche modo attirare le attenzioni delle autorità o della gente del quartiere.

E anche quando Nino sembra provare un affetto sincero per la madre ed il fratellino, la sua arroganza ed esuberanza gli impediscono di ragionare lucidamente e di essere di supporto alla madre. Invece di rassicurarla e stringere con lei un patto di alleanza, sembra volutamente andare oltre, nel tentativo di dimostrare il suo essere diverso dagli altri.

In uno dei passaggi seguiti alla nascita di Useppe, mentre Ida cerca di convincerlo a mantenere il riserbo relativamente a questo nuovo arrivo, per evitare di attirare l'attenzione, questa è la risposta di Nino alle ansie della madre:

[205]   C. SUSANI, *Elsa Morante – Tra storia e sortilegi*, La Nuova Frontiera Junior, Roma, 2020.
[206]   E. MORANTE, *La Storia*, Einaudi, Torino, 1974, pag 92.

[207]*«Nel tempo di una rapida occhiata, Nino s'illuminò di arroganza, di compatimento, di supremazia e di libertà. Alzò una spalla con una smorfia, e replicò, piantandosi sulle gambe nella posa di un barricadiero:*
«Se me lo domandano, A ME, io dico: e a voi che ve ne frega?»».

Le richieste di Nino alla madre sono completamente decontestualizzate e sembrano ignorare il clima di povertà di quegli anni e la precaria condizione in cui versa la famiglia. La sua pretesa di soldi per acquistare sigarette, gelati, giornali sportivi, stride con le difficoltà di Ida nel mantenere da sola i figli, impegnata a procacciarsi quotidianamente il cibo.

Di fronte ai suoi dinieghi, Nino arriva anche a dare della *giudìa* a Ida, credendo di fare una battuta umoristica, ignorando totalmente la ricaduta che questo appellativo avrà su Ida e sui suoi tormenti e canzonandola quando lei lo rimprovererà per la sua continua arroganza e maleducazione.

Nino rappresenta inoltre, in questa prima fase della storia, l'emblema dei giovani italiani sul quale inciderà lo spirito patriottico e la propaganda fascista.

Questi giovani, ignari delle atrocità della guerra, rappresentarono per il regime menti plasmabili ed altamente impressionabili alle quali trasmettere tutto il senso dell'amor di patria e del sacrificio necessario a difendere il paese, armi in mano. Si trattava di una schiera di giovani e adolescenti, più che mai necessari alla politica per tenere alto il senso dell'appartenenza nazionale in previsione dei futuri arruolamenti.

Il culto fascista della figura del Duce esercitò infatti, come abbiamo accennato anche nel secondo capitolo di questo lavoro, un enorme fascino sulle nuove generazioni, che consentì di sostenere in parte alcune scelte discutibili del regime, soprattutto in relazione alla partecipazione al conflitto mondiale. Poter contare sulla fiducia ed il sacrificio di migliaia di giovani adolescenti, in buona forma fisica e mentale, pronti a gesta eroiche in nome del paese, costituì un'immensa campagna promozionale per il regime stesso e le sue operazioni.

In questo senso, Nino subisce in pieno il fascino della dittatura, che lo porta a dire

---

[207]   E. MORANTE, *La Storia*, Einaudi, Torino, 1974, pag 92.

[208]*«««Io finirò capo delle Brigate Nere. Io appena ho l'età, me ne vado a combattere PER LA PATRIA E PER IL DUCE!»». All'eccesso di sfida, con cui pronunciò queste maiuscole, la sua voce lasciava trapelare un'intenzione blasfema. S'intuiva che, dinnanzi alla sua pretesa di ragazzino, le Patrie, i Duci e l'intero teatro del mondo, si riduceva tutto a una commedia, la quale aveva valore soltanto perché si prestava alla sua smania di esistere.»*

Bruno Maida illustra bene questa specifica campagna mediatica che tentò di far leva sulle menti di bambini e adolescenti dell'epoca. Con riferimento particolare alle lettere che i bambini di quel tempo inviavano al Duce, ma ampliando il ragionamento in generale a tutti gli strumenti di propaganda che caratterizzarono la radicale pervasività dei valori del regime, Maida riporta

[209]*«All'interno di narrazioni vere o fantastiche, l'accesso alla vista e perfino al corpo di Mussolini diventava lo strumento per un'identificazione assoluta con il fascismo, la cui naturale conseguenza era il desiderio di arruolarsi al servizio del duce e magari raggiungere i soldati al fronte, come negli anni Trenta accadde durante la conquista dell'Etiopia.»*

Il contenimento della forza e dell'irruenza fisica emergono nella descrizione di Nino, il quale sembra non resistere alla voglia di ingaggiare con chiunque sfide e duelli, di provocare l'altro, in questo caso identificato nel "nemico" da combattere, sprezzante del pericolo e alla continua ricerca di avventura e divertimento.

[210]*«...oramai gli si era messa addosso una smania, e cominciava a spazientirsi di stare ancora a fare gli esercizi, il giorno, coi manipoli e le squadre dei ragazzini. Davvero gli sarebbe piaciuto che uno di quei piloti notturni, come in un fumetto di avventure, rispondesse alla provocazione della sua sigaretta accesa, atterrando col suo paracadute là, davanti a lui, per ingaggiare una lotta corpo a corpo.»*

È una provocazione fine a sé stessa, che non ha uno scopo definito,

---

[208] E. MORANTE, *La Storia*, Einaudi, Torino, 1974, pag 102.
[209] B. MAIDA, *L'infanzia nelle guerre del Novecento*, Einaudi, Torino, 2017, pag. 139.
[210] E. MORANTE, *La Storia*, Einaudi, Torino, 1974, pag 134.

ma che punta solo alla sfida e che ha come spettatore un pubblico immaginario di fronte al quale esibirsi. In una delle sue scorribande notturne Nino arriva infatti a stazionare sotto Palazzo Venezia (sede dell'allora ufficio di Mussolini) e scrivere su uno dei muri visibili la scritta *VIVA STALIN*: non tanto, come dice l'autrice, perché amasse Stalin, che anzi considerava suo nemico, ma per pura strafottenza.

E allora le sue azioni assumono spesso il carattere dell'irrazionalità, della scelta non ponderata, come tipicamente avviene per i ragazzi adolescenti, senza valutare benefici e rischi, in una sorta di delirio di onnipotenza e non percezione del reale pericolo tipico di questa fase dello sviluppo.

Questa stessa incoscienza lo spinge a desiderare ardentemente che la guerra esaudisca finalmente le sue smanie di azione e di protagonismo:

[211]*«In verità, la sua fretta non era che la guerra finisse, ma piuttosto che la guerra incominciasse anche per lui. Gli pareva ingiusto di venir privato tuttora di questa occasione eccezionale e formidabile: lasciato fuori, come un paria, nella categoria degli imberbi. E tanto più, che attualmente lui non era più un imberbe: anzi, ostentava di farsi la barba tutti i giorni, usando, per l'operazione, un vero rasoi da barbiere, a lama lunga d'acciaio...»*

Emerge da questo passaggio, e lo ritroveremo in diverse altre immagini all'interno del romanzo, l'amore di Nino per il proprio corpo, per la propria esibita fisicità. Il giovane passa molto tempo davanti allo specchio, ammira e si compiace dei propri muscoli e del proprio aspetto, esibisce espressioni dure e truci, cerca sempre di vestirsi in maniera da far risaltare la sua prestanza fisica. Poco importa se la sua crescita a volte sia sproporzionata e priva di grazia: l'attenzione di Nino, ben sottolineata da Morante, è rivolta alla ricerca del cambiamento, anche fisico, che sta avvenendo in lui

[212]*«Come se la forma della sua infanzia si rivoltasse, in una lotta drammatica, prima di cedere alla sua impazienza di crescere.»*

Come abbiamo già avuto modo di vedere, questo passaggio all'età

---

[211]   E. MORANTE, *La Storia*, Einaudi, Torino, 1974, pag 137.
[212]   E. MORANTE, *La Storia*, Einaudi, Torino, 1974, pag 137.

adulta è un tempo temuto dall'autrice, perché legato alla fine della purezza e della gioia dell'infanzia, che denota il rischio di abbandono del gruppo dei *Felici Pochi*, da sempre ritenuti da Morante unici portatori di verità.

Ormai Nino si vede proiettato tra gli adulti, pur essendo ancora pervaso da una scarsa capacità di autocontrollo che lo porterà anche a compiere azioni ai limiti della Legge, come rubare.

Questo ulteriore elemento di spregiudicatezza sembra non trovare una motivazione nel bisogno reale mosso dalla fame o dalla povertà, ma pare piuttosto richiamare un'incapacità di mediazione tra le proprie pulsioni (il possesso, la brama di qualcosa) e le effettive reali possibilità.

Allo stesso modo Nino sembra non tollerare più le norme legate al suo ruolo di adolescente: la scuola, le regole. Le uniche restrizioni che sembra voler rispettare sono le proprie, dettate dalla sua volontà di autoaffermarsi come adulto.

Questa volontà di crescere contrasta però con la presenza in lui di alcuni comportamenti e atteggiamenti molto infantili, che denotano il suo essere ancora in uno stato di passaggio, quali ad esempio il mettere in scena una partita solitaria di calcio tra le mura di casa, il fingere una battaglia immaginaria tra soldati, ecc. Tali azioni, invece di calmarlo, come dice l'autrice nel romanzo, esasperano la sua turbolenza, portandolo ad avere a volte anche reazioni incontrollate, rissose e pronte alla lite.

Nino arriverà a chiedere al preside della scuola da lui frequentata di intercedere per lui per poter essere arruolato al servizio del Duce, ma di fronte al rifiuto dell'uomo (che gli spiegherà che alla sua età il suo dovere di fascista è di studiare e non ancora di combattere), il ragazzo avrà ancor più la sensazione di sprecare il suo tempo dietro i banchi e passerà le giornate ad aizzare i compagni e a provocare i professori. Tutti questi tentativi, che possono essere in qualche modo spiegati con la volontà di superare la noia che lo attanaglia e di ribellarsi all'autorità adulta, lo spingono a mentire, inventandosi tutte le scuse possibili per stare lontano dalla classe, finché arriverà a non voler più frequentare la scuola, nonostante il parere contrario della madre.

La scelta di Nino di voler abbandonare gli studi sembra scuotere per un momento Ida dal suo torpore. La donna infatti ha riposto nel figlio grandi aspettative: lo vede "professore" o comunque laureato, ed è disposta a sacrificare tutto per garantirgli la possibilità di terminare gli studi. Ma, anche in questo caso, Ida sarà costretta a cedere di fronte alle repliche e alle scenate del ragazzo, che finirà col passare la notte fuori casa dopo un acceso litigio con la madre.

L'immaturità di Nino emerge in maniera lampante anche nel rapporto con Useppe. Come abbiamo già visto, seppur mosso da affetto autentico, Nino non sarà mai per il fratello più piccolo una figura di riferimento per la sua crescita. Il suo attaccamento sarà improntato al gioco, al divertimento, allo scherzo: Useppe rappresenterà per il fratello maggiore un diversivo, un legame importante ma giocato sempre sul piano della non completa assunzione di responsabilità, una novità ed un diversivo di cui vantarsi con gli amici e le ragazze. Nino sarà sempre una meteora nella vita del bambino, una guida per andare alla scoperta del mondo, imparare le parolacce, divertirsi. A volte arriverà a rispondere male al fratello, senza soppesarne le conseguenze, senza calibrare la portata delle sue azioni sulla psiche del bambino. Nino sarà capace di passare dalla rabbia al riso nel giro di poco, senza fornire spiegazioni, e Useppe faticherà a trovare ragione di questi cambiamenti di umore repentini.

Questa alternanza di atteggiamento e il passaggio improvviso da allegria a cupezza, da euforia a rabbia, sono tipici atteggiamenti che si ritrovano nel personaggio di Nino e che denotano il tentativo adolescenziale di costruirsi una propria identità.

Durante le sue crisi, nell'incapacità di trovare conforto e sostegni esterni, Nino si rifugerà anche nell'alcol, aggirandosi agitato per casa e imprecando contro tutto e tutti. Sempre durante queste crisi, mentre la madre fuggirà in camera propria tappandosi le orecchie, Useppe rimarrà a rimirare il fratello

[213]*«Mentre che dimenticato, nel tumulto, in un angolo, Useppe invece restava a mirare il fratello, con grande rispetto, ma senza nessuna paura: come fosse davanti a un vulcano, troppo alto per investire lui con le sue lave. Oppure nel mezzo di una stupenda tempesta marina, che lui, nella sua barchetta minima, attraversava spericolatamente.»*

La partenza di Nino come volontario per il fronte, nella primavera

---

[213] E. MORANTE, *La Storia*, Einaudi, Torino, 1974, pag 158-159.

del 1943, segna in maniera definitiva il suo passaggio all'agognata età adulta. La scelta di arruolarsi pare indicare il bisogno del giovane di entrare a far parte di gruppi riconosciuti, dotati di un bagaglio di simbolismi che ne denotano l'affiliazione (uniformi e gradi prima con l'esercito nazionale, canti, bandiere, nomi in codice poi con la Resistenza), quasi a voler cercare un senso di appartenenza ed un modello di vita a cui rifarsi e nel quale rifugiarsi.

Il giovane tornerà nella vita di Ida e Useppe solo l'autunno successivo, per una breve comparsa al rifugio di Pietralata: apparentemente manterrà la sua spavalderia e arroganza, ma l'autrice scorgerà dietro questa facciata qualcosa di nuovo ed inquietante:

[214]*«D'un tratto il suo occhio, sempre così animato, ebbe una strana fissità corrusca, vuota d'immagini come il vetro di una lente. Da quando era nato, Ida non ricordava d'avergli mai visto quegli occhi. Ma fu appena un attimo. Di nuovo Ninnuzzu splendeva di un fresco umore esilarato, sciorinando i suoi vanti di ragazzino...»*

In questa occasione Nino comunicherà di essere passato alla Resistenza, grazie ad una sorta di saggezza che gli pare arrivare dal non essere più un *ragazzetto*, ma un uomo. Così riporta Gabrielli l'esperienza della generazione di adolescenti arruolati nella Resistenza:

[215]*«Aderiscono alla Resistenza ragazzi privi dell'autorità paterna nel suo concreto significato, in quanto i padri sono in guerra, o in senso simbolico, in quanto in quella stagione si consuma un profondo conflitto generazionale. È una generazione «diseredata», «senza maestri» e «senza modelli», costretta a cavare quasi tutte da sé le risorse per sanare la bancarotta avuta in eredità dai padri.»*

Poco dopo la visita a Pietralata, Nino ritornerà nuovamente e porterà Useppe a conoscere i compagni partigiani nascosti nella campagna laziale.

Dopo un ennesimo periodo passato nascosto sulle montagne, Nino rientrerà a Roma nell'autunno 1944. La sua entrata a casa Marrocco, dove la madre e il fratello si sono da poco trasferiti, sarà vissuta come

---

[214] E. MORANTE, *La Storia*, Einaudi, Torino, 1974, pag 211.
[215] P. GABRIELLI, *Se verrà la guerra chi ci salverà? Lo sguardo dei bambini sulla guerra totale*, Il Mulino Editore, Bologna, 2020, pag 163.

l'arrivo di una star del cinema. Sia nell'aspetto che nell'atteggiamento Nino appare splendido e pieno di sé, tanto da sedurre la povera lavorante Filomena.

Emerge in questa nuova apparizione il tratto narcisistico ed esuberante del ragazzo che, dopo l'esperienza al fronte, pare non aver perso lo spirito intraprendente, che è ora accompagnato da una forte bisogno di piacere agli altri.

[216]*«E siccome gli piaceva tanto di piacere, era sempre ardente, indiavolato e pazziante come se giocasse con un pallone iridato. Lui lo lanciava, e gli altri lo acchiappavano e glielo rilanciavano; e lui faceva un salto e lo riprendeva. Ora, l'eccesso di esibizionismo, in questa sua partita, era fatale; però ci si affacciava ogni tanto una specie di domanda ingenua, trepida e propiziatoria. La seguente (più o meno):«Insomma, vi piaccio? sì o no? Ah, dite di sì, mi piace troppo di piacervi...» e qui nei suoi occhi, nella sua bocca aggressiva e capricciosa, spuntava l'ombra di una minaccia: «Se mi dite di no mi straziate. Voglio piacervi. Sarebbe una carognata, straziare un ragazzo a questo modo...»».*

La spavalderia e l'irruenza di Nino lo accompagneranno ancora negli anni a venire, come risulta dalla testimonianza delle sue scorribande in moto, a cui toglierà la marmitta per fare più rumore e non passare inosservato. Anche le sue posizioni politiche muteranno, rinnegando l'appartenenza al comunismo che tempo prima lo esaltava, come fosse alla continua ricerca di qualcosa oltre il tempo e lo spazio del presente, alla perenne rincorsa di un obiettivo, un traguardo sempre in movimento e diverso, come diverse saranno via via le sue aspettative di giovane di fronte al futuro.

[217]*«Nino lui vuole vivere, vuole mangiarsi tutta la vita intera e tutto il mondo, tutto l'universo! coi soli le lune e i pianeti!!»*

Si dovrà a Nino uno dei passaggi emblematici del libro, nel quale viene riassunta in poche righe la posizione del personaggio (e in qualche modo dell'autrice) relativamente alla stupidità della guerra, alle conseguenze che i giochi di potere della politica e le scelte dei governi

[216]   E. MORANTE, *La Storia*, Einaudi, Torino, 1974, pag 354.
[217]   E. MORANTE, *La Storia*, Einaudi, Torino, 1974, pag 402.

hanno lasciato sulle nuove generazioni

[218] «...*Questi se credono de ricomincià tutto come prima, nun te ne accorgi? Embé, se sbaieno a mà! Ci hanno messo in mano le armi vere, quann'eravamo pischelli!E mò noi ce divertimo a faie la pace! Noi, mà, JE SFASCIAMO TUTTO!»*

«Noi siamo la generazione della violenza! Quanno s'è imparato er gioco delle armi, ce se rigioca! Loro se illudono de fregacce un'artra vorta...I soliti trucchi, il lavoro, i trattati, ...le direttive, i piani centenari...le scuole...le galere...il regio esercito... E tutto ricomincia come prima!Sììì...?!Pum!pum! Pum!».

In questa frase c'è tutta la delusione e la rabbia di una generazione che si è sentita tradita e usata dal potere, senza averne avuto in cambio nulla, e che ritiene di aver diritto ad un risarcimento per quanto subìto. Sarà una delle ultime apparizioni di Nino, che si darà alla macchia per dedicarsi a certi misteriosi "affari" che gli porteranno denaro e quelle soddisfazioni materiali mai avute prima.

Di lì a poco Nino morirà in un incidente a bordo di un camion usato per il contrabbando, mettendo fine ad un'esistenza sempre vissuta al limite, come la sua età gli imponeva, rimanendo così un eterno ragazzo, un altro di quei *Felici Pochi* così amati dalla Morante, che mai passati veramente all'età adulta.

Per quanto sopra rilevato, Nino rappresenta a mio parere l'archetipo del giovane di fonte alla storia, l'immagine di quella generazione a cui la guerra ha tolto la bellezza della gioventù, la sua spensieratezza, il suo bisogno di futuro e di ideali.

Dice di questa generazione Patrizia Gabrielli:

[219] «*La mobilitazione del biennio 1943/1945 ha come sfondo differenti scenari e molteplici sono le reazioni e le forme di antifascismo ma, come una robusta storiografia e pagine e pagine di memorie insegnano, la scelta rispetto agli schieramenti si compie in solitudine.[...].Tra i minori il quadro è molto confuso: c'è chi vede svanire il sogno animato da prodi imbattibili guerrieri: una schiera di aviatori, marinai, sommergibilisti; i più grandi scoprono l'illusione*

[218] E. MORANTE, *La Storia*, Einaudi, Torino, 1974, pag 442.
[219] P. GABRIELLI, *Se verrà la guerra chi ci salverà? Lo sguardo dei bambini sulla guerra totale*, Il Mulino Editore, Bologna, 2020, pag 161.

della retorica fascista, l'inganno del motto credere, obbedire, combattere, e si allontanano dal passato. Alcuni di questi giovani delusi sentono maturare spontaneamente un desiderio di pace, altri mostrano insofferenza verso gli omologanti schemi di vita del regime fascista [...] da una parte o dall'altra, con maggiore o minore consapevolezza, sulla base di orientamenti o principi opposti, o comunque differenti, i minori, dunque, si schierano.»

Nel caso di Nino gli episodi che accompagnano la sua adolescenza tumultuosa sembrano oltrepassare le normali tappe di passaggio dalla fanciullezza all'età adulta, accentuando le condotte al limite del lecito per affermare la propria identità.

Nel tentativo di dare un volto alla sua nuova condizione di giovane uomo, Nino costruisce le sue visioni del mondo, confrontandosi e aderendo a sistemi di valori che la società via via gli propone, sperimentandoli per poi rigettarli poco dopo per passare ad altro. La sua messa in discussione delle regole imposte (la scuola, l'educazione, lo stesso esercito), sembrano voler esprimere il suo tentativo di trovare posto nel mondo. Il suo spiccato egocentrismo e la sua voglia di azione lo esaltano e lo fanno sentire invincibile a volte, ma al contempo lo frustrano e lo rendono vulnerabile quando non rispondono alle sue aspettative. Quando questa irruenza non viene "contenuta" da interventi esterni e dal contesto adulto che dovrebbe salvaguardarlo, allora essa travalica i confini della normale linea sottesa ad una crescita armoniosa per avvicinarsi pericolosamente al mondo dell'illegalità e della delinquenza, oltrepassando quindi il confine del comportamento antisociale.

Come sostenuto infatti da Berti e Bombi[220], l'avvio alla delinquenza deriva da una serie di concause, non tutte necessariamente in azione nello stesso momento, che spingono il giovane ad andare oltre quella che viene definita tipicamente una *condotta antisociale* e che caratterizza generalmente episodi di devianza destinati ad essere confinati in fasi dello sviluppo delimitate nel tempo.

Tali concause sono rappresentate da:
- variabili sociologiche (per es. il livello socioeconomico, l'etnia);

---

[220] A.E.BERTI, A.S.BOMBI, *Corso di psicologia dello sviluppo,* Il Mulino, Bologna, 2013.

- caratteristiche individuali (per es. il grado di intelligenza posseduto, una scarsa riuscita scolastica);
- fattori relazionali (per es. un ambiente familiare conflittuale, genitori incoerenti nello stile educativo, l'accesso a gruppi di coetanei già coinvolti in attività antisociali).

In questo contesto l'identità delinquenziale può costituire un'alternativa attraente, che viene scelta, come sostengono sempre Berti e Bombi, quando le altre strade risultano "non accessibili".

Secondo questa lettura quindi, se la violazione delle norme e la ribellione a sistemi precostituiti hanno la funzione principale di affermare sé stessi in modo chiaro, attraverso un comportamento oppositivo, l'accesso alla delinquenza oltrepassa i confini di un atteggiamento temporaneo, destinato quindi ad essere via via superato per rientrare nei margini della tollerabilità, e si cronicizza.

La mancanza di fattori protettivi (*in primis* l'azione della famiglia ma anche la scuola ed il contesto sociale) che Nino ha sperimentato in prima persona durante la sua adolescenza ed anzi, il proliferare di fattori di rischio (la guerra, la povertà materiale ed educativa, l'assenza di figure genitoriali forti e di un contesto familiare tutelante) hanno condizionato l'impatto che episodi di devianza hanno avuto sullo sviluppo del ragazzo, rendendoli non un tappa legata ad un particolare momento della sua crescita (e come tale superabile), ma alimentando questo stato e trasformandolo in una costante della sua vita.

Anche la morte avvenuta a seguito di un'azione violenta rientra in questo quadro e sembra denotare l'incapacità di Nino di cogliere il pericolo reale legato a tali azioni, e le effettive conseguenze di azioni antisociali portate all'estremo.

4.2 - Carolina

Il secondo personaggio che ritengo utile introdurre quale ulteriore immagine dell'infanzia che in tempo di guerra subì di più le conseguenze del clima di estrema povertà materiale e morale che il conflitto portò con sé è Carolina, giovane fanciulla della famiglia napoletana dei *Mille*, che entra nella storia in relazione al periodo trascorso da Ida e Useppe come sfollati presso il rifugio di Pietralata.

Carolina, orfana di entrambi i genitori a causa di un bombardamento, viene descritta così:

[221]*«aveva quindici anni finiti, ma ne mostrava tredici»*

L'autrice informa il lettore che la ragazzina, un anno prima, durante una notte trascorsa in un altro rifugio per scappare ai bombardamenti:

[222]*«era rimasta incinta, non si sapeva con chi. Lei stessa, difatti, agli interrogatori insistenti della sua tribù, rispondeva spergiurando che, se qualcuno era stato, lei non s'era accorta di niente.»*

Più avanti l'autrice dice anche che però sulla sua parola non era possibile fare affidamento perché [223]*«la sua testa era fatta in modo che credeva ciecamente a tutte le fantasie e invenzioni, non solo altrui, ma anche sue proprie.»*. Vengono riportati a riprova alcuni fatti occorsi negli anni precedenti, da cui traspare l'ingenuità bambinesca, che pare lasciare intendere un ritardo cognitivo, del quale la famiglia non sembra preoccuparsi, ma anzi costituisce un elemento di fragilità che la renderà vulnerabile di fronte agli altri e addirittura derisa dalla sua famiglia.

La descrizione della giovane Carolina insiste sul suo essere fisicamente molto minuta, piccolezza che stride con la voluminosa pancia dovuta alla gravidanza e con l'aspetto florido delle due bambine che partorirà di lì a poco. Carolina non allatterà le figlie, sempre a causa del suo aspetto minuto. Ogni particolare del suo aspetto e della sua psiche sembra sottolineare la sua attitudine ancora molto infantile, tanto che viene detto che la ragazzina legge ancora giornaletti e storie per i piccoli e si intrattiene con giochi da bambina. Ma, nonostante questo, nel romanzo si sottolinea l'estrema devozione alle figlie e il suo forte istinto materno, tanto da renderla accudente anche verso gli altri ospiti del rifugio.

Anche il suo amore per il cinema, più volte citato, in realtà sembra riservato all'adorazione per luci e immagini, visti in una dimensione del magico e del fiabesco, più che per attori e trame.

Morante sottolinea poi un aspetto, apparentemente non importante, ma che riveste invece grande significato in relazione alla precoce gravidanza di Carolina:

[221]   E. MORANTE, *La Storia*, Einaudi, Torino, 1974, pag 182.
[222]   E. MORANTE, *La Storia*, Einaudi, Torino, 1974, pag 182.
[223]   E. MORANTE, *La Storia*, Einaudi, Torino, 1974, pag 182.

[224]*«Nata in una tribù, si capisce che, del sesso, niente era rimasto segreto ai suoi occhi, fino dalla sua prima infanzia. Ma questo fatto, stranamente, aveva favorito la sua indifferenza sessuale, così innocente da somigliare ad una ignoranza assoluta: da potersi paragonare, addirittura, a quella di Rosa e Celeste!»*

Questo accenno alla precocità e alla conoscenza precoce della sfera sessuale nella quale è cresciuta Carolina, che stride con il suo aspetto infantile e la sua fragilità cognitiva, sembrano presagire un alto rischio per la ragazzina di cadere vittima di maltrattamenti o sfruttamenti. Su questa fragilità si innesta la promiscuità (anche sessuale) che caratterizza il gruppo dei *Mille*, e che viene confermata durante uno degli episodi di sonnambulismo di Useppe al rifugio: qui una notte il bambino, semi addormentato, si accoccola su uno dei materassi stesi a terra sul quale giacciono, tutti insieme, alcuni esponenti della famiglia napoletana. Senza capire bene cosa succede, Useppe noterà, senza però riconoscerla, una sagoma piccola, distesa sotto le coperte, che sarà avvicinata da un uomo adulto, il quale, in silenzio, si accoppierà con lei sotto ai suoi occhi.

Un altro passaggio importante per inquadrare la figura di Carolina ed in qualche modo precorrere quello che sarà il suo futuro è quello relativo al giorno della partenza dei *Mille* dal rifugio di Pietralata per fare rientro a Napoli:

[225]*«Sollecitata dagli altri che la sopravvanzavano, e si voltavano a richiamarla bruscamente, essa si affrettava a stento, nella fanghiglia, sulle sue scarpette ancora estive ridotte a ciabatte. Le calze da donna smesse che portava, troppo grandi per il suo piede, le facevano delle borse sui calcagni, e per via del peso che la sbilanciava tutta da una parte, la sua camminata era più sbandata del solito. Per cappotto aveva una specie di tre-quarti sbilenco, ricavato da una giacca del fratello Domenico...»*

Questa immagine di trasandatezza e marginalità anticipa quello che sarà il suo destino al rientro a Napoli e che viene descritto, poco più avanti, per voce dell'autrice:

---

[224] E. MORANTE, *La Storia*, Einaudi, Torino, 1974, pag 185.
[225] E. MORANTE, *La Storia*, Einaudi, Torino, 1974, pag 278.

[226]*«...ci stava pure Carolina, che, secondo la logica naturale della sorte, s'era messa a fare le marchette con gli alleati. Cresciuta un poco di statura, essa era più magrolina ancora che a Pietralata, così che nella faccia rimpicciolita gli occhi, impiastricciati di rimmel, sembravano assai più grandi. La bocca poi, già troppo larga per natura, tinta di rossetto si mostrava allargata al doppio. E la camminata delle sue gambe smilze smilze, sui tacchi alti risultava più scombinata che mai. Però il suo modo di guardare, e il fare, e la parlata, non s'erano cambiati per niente.»*

L'accenno al fenomeno della prostituzione minorile in tempo di guerra sembra trovare conferma in alcuni documenti storici che testimoniano la situazione che si stava sviluppando nelle città del tempo e che proseguirà anche dopo la fine del conflitto, spingendo molte donne e ragazzine ancora minorenni a vendersi in cambio di denaro, per riuscire a sopravvivere in contesti urbani molto provati dalla fame e dalla miseria che il conflitto mondiale aveva esasperato. Napoli non fece eccezione e alcune agenzie americane dell'epoca riportarono nei loro rapporti tracce di questa piaga sociale. A tale proposito, così riporta Paolo De Marco in un articolo apparso in occasione del 60° Anniversario della Liberazione,

[227]*«Il fenomeno sembrava aver raggiunto dimensioni impressionanti soprattutto a Napoli: «Ieri abbiamo appreso - era scritto in un articolo del «Popolo» del 26 agosto 1944 - che, solo all'Ospedale della Pace, e in quindici giorni, sono state visitate 4000 malate (e si può intuire di quali malattie) per metà all'incirca minorenni!, e che uguali proporzioni si riscontrano negli altri centri ospedalieri della provincia e della regione», che confermava quante minorenni fossero dedite, o meglio costrette alla prostituzione.»*

4.3 – Mariulina (la "*roscetta*")

---

[226]   E. MORANTE, *La Storia*, Einaudi, Torino, 1974, pag 279.
[227]   P. DE MARCO, *Il dopo Quattro Giornate: l'occupazione alleata a Napoli*, in *60° Anniversario della Liberazione*, Istituto Nazionale per la storia del Movimento di liberazione   in   Italia, http://www.italia-liberazione.it/portalenuovo/60moliberazione/PAGINE/ REL_8.HTM.

Altra figura femminile che emerge solo in alcune parti del romanzo ma che ritengo importante inserire per il ruolo che ha nel contesto storico è la partigiana Maria, detta Mariulina. Si tratta di una giovane ragazza, orfana anch'essa di padre, che vive con la madre in una casa sui colli intorno a Roma. Il personaggio entra in scena durante l'escursione in cui Nino porta Useppe a conoscere la sua brigata partigiana. Nino lascia intendere al fratello di avere una storia con lei e di volerla sposare finita la guerra. Sarà lei a riaccompagnare Useppe verso casa, quando Nino dovrà rimanere nascosto con i partigiani.

Mariulina appare come una ragazza taciturna, un po' imbronciata, che colpisce Useppe per la sua forza e la sua bellezza. Traspare dal romanzo il suo ruolo di alleata alla Resistenza (il suo nome in codice è *la Roscetta,* per i suoi capelli rossi) e la sua vicinanza ai partigiani. Sarà questo a condurla alla morte durante un rastrellamento nazista, nel quale, colta dalla paura, tradirà i compagni ma non riuscirà comunque a salvarsi.

La scena del suo stupro e della sua morte insieme alla madre, riporta la crudezza e la drammaticità dei crimini di guerra che Morante mostra di conoscere molto bene. Emerge dal racconto come, sorprese da un gruppo di tedeschi in una sera di gennaio del 1944, lei e la madre affrontino diversamente la tragedia: la madre proverà fino all'ultimo a muovere a compassione i soldati, chiedendo pietà per sé e la figlia. Mariulina invece tenterà prima un'ardita e scontrosa resistenza, sfidando l'autorità dei militari e provando a mitigare la paura con il vino che le sarà offerto dai tedeschi. Ma successivamente, quando si vedrà puntare una pistola alla tempia, il coraggio l'abbandonerà, sopraffatta dal terrore di morire.

A ciò si aggiungeranno la paura e la vergogna che la renderanno ancora più indifesa, quando si renderà conto di essersi macchiata le gambe con il sangue mestruale.

[228]*«All'incidente che la sorprendeva imprevisto in presenza di tutti quei giovanotti, la vergogna le si mescolò con la paura. E sbattuta tra la vergogna e la paura, tentando di nascondere i piedi e insieme di pulire il pavimento bagnato con le suole delle sue scarpacce, tremando tutta come una canna disse tutto quello che sapeva.»*

Le due donne saranno violentate e poi uccise. Mariulina, barcollante

[228]   E. Morante, *La Storia*, Einaudi, Torino, 1974, pag 303.

e straniata dall'alcool e dal trauma delle violenze subite, appare nelle ultime scene come una ragazzina spaurita, preoccupata non tanto di morire quanto di farsi vedere sporca e violata nella sua intimità: tenterà di trovare comprensione in uno dei soldati suoi carcerieri, che le apparirà più gentile e delicato degli altri. Ma questa illusione durerà poco: resasi conto della prossima fine, scoppierà a piangere e cercherà disperatamente la vicinanza della madre. Le troveranno morte e straziate qualche giorno dopo. Lo sfregio ai loro corpi è l'ennesimo affronto alla donna, a cui Morante dedica questo passaggio, e che, ancora una volta richiama alla memoria i crimini di guerra.

Come abbiamo analizzato nel secondo capitolo, gli stupri di guerra ai danni dei civili furono infatti uno degli strumenti di esercizio del potere perpetrato dagli eserciti sulla popolazione. Riporta Michela Ponzani a proposito:

[229]*«Le violenze sessuali infuriano non a caso in quelle zone del novembre 1944 e rimandano all'insieme delle azioni terroristiche contro popolazioni inermi di cui fanno parte gli incendi di villaggi, gli arresti, le uccisioni di donne e persino di neonati.»*

Si tratterà di una vera strategia di guerra, volta a colpire le popolazioni dei territori dove la Resistenza si è radicata, per fare terra bruciata intorno ad essa. Gli atti di violenza gratuita, i massacri, servono a dare un messaggio sia ai partigiani impegnati a combattere, che a "punire" coloro che non vogliono collaborare con le forze occupanti. In questo senso gli atti contro i corpi delle donne rappresenteranno la forma più alta di sfregio e di umiliazione alle popolazioni inermi.

4.4 – Giovannino, Gunther e Davide

Vi sono nel libro tre ulteriori figure di giovani soldati che vale qui la pena ricordare in quanto altrettanti emblemi di quella generazione di guerra impreparata ai mali della storia, che sarà costretta a prenderne parte attiva:

- Giovannino Marrocco, personaggio che non parteciperà mai direttamente alla trama ma che sarà evocato nei ricordi della famiglia e nelle descrizioni dell'autrice, quale esempio di

---

[229] M. PONZANI, *Guerra alle donne – Partigiane, vittime di stupro, «amanti del nemico», 1940-45*, Einaudi, Torino, 2012, pag. 201.

giovane soldato inesperto, costretto ad arruolarsi e che morirà sul fronte russo.

- Gunther, tedesco nazista, giovane e inconsapevole padre naturale di Useppe, descritto anche lui come un ragazzo costretto a lasciare la sua famiglia e la sua casa per partire al seguito di un esercito che non sentirà mai suo.
- Davide, giovane ebreo, amico a compagno di Nino, scampato alle persecuzioni naziste e arruolatosi nella Resistenza.

Nel caso di Giovannino Marrocco, la sua presenza-assenza nel romanzo è frutto delle testimonianze dei membri della sua famiglia e della "vicinanza" letteraria che l'autrice dimostra di avere con il personaggio. La sua storia sembra ancora una volta testimoniare della condizione nella quale molti giovani si trovarono all'atto dell'arruolamento. Giovannino viene descritto come un giovane lavorante che sta frequentando le scuole serali per recuperare gli anni di scuola elementare. La sua camera è descritta così:

«[230]*E sul tavolinetto c'erano rimasti, disposti in ordine, i suoi pochi libri scolastici e i quaderni del suoi compiti, dalla scrittura diligente ma incerta e faticata, come quella di un bambino.*»

La descrizione del ragazzo avviene quindi attraverso i suoi oggetti e le sue fotografie. In una, antecedente la partenza per il fronte, appare sorridente insieme ad altri ragazzini della sua età, nella seconda, quasi ad esaltarne il contrasto con la precedente, è ritratto al fronte, distinto a malapena nel gruppo con altri soldati, quasi irriconoscibile perché coperto dai vestiti pesanti a causa del freddo.

La famiglia ha perso sue notizie da tempo e, in cerca di una qualche flebile speranza, decide di ricorrere ai poteri di un'improvvisata fattucchiera che frequenta la loro casa, una donna di circa 48 anni, Santina, descritta come una prostituta con la passione per i tarocchi.

Alla famiglia e alla giovane moglie Annita rimane di lui un'ultima lettera, risalente al 1943, scritta in maniera sgrammaticata, nella quale Giovannino cerca di rincuorare i suoi cari e auspica un ritorno da vincitore nel giro di poco tempo.

Questo quadro fa emergere la situazione di totale inesperienza

---

[230] E. MORANTE, *La Storia*, Einaudi, Torino, 1974, pag 313.

dell'esercito italiano rispetto ad alcune scelte belliche, come la campagna di Russia del giugno 1941. Le operazioni, volute fortemente da Mussolini per dimostrare la validità del suo esercito, si protrassero infatti sino al marzo del 1943 e costarono agli italiani circa 85.000 uomini tra morti di stenti e prigionieri.

La totale disorganizzazione e impreparazione, aggravata dal fatto che molti soldati erano alle prime armi e giovanissimi, viene ben rappresentata da Morante, che descrive in maniera minuziosa le tragiche condizioni in cui si vennero a ritrovare i soldati durante quel periodo.

L'agonia e la morte di Giovannino vengono riportate dalla Morante al termine del capitolo dedicato al 1945, come chiosa al capitolo stesso e appendice finale. Nel racconto il giovane, stremato dal freddo e dalla fame, cerca disperatamente aiuto perché non riesce più a camminare a causa del gelo. Tutti i soldati che incontra però passano oltre, come se lo avessero già condannato a morte certa. Febbricitante, Giovannino comincia a delirare e a perdere la sensibilità dei piedi; nel delirio gli appaiono i luoghi natii e i suoi familiari, fino a quando, sempre più assiderato, percepisce una sorta di sensazione di distacco dal corpo, che ne preannuncia la fine. Ormai senza più forze, il ragazzo si lascia cadere a terra e si raggomitola su se stesso.

[231]*«Questa è la posizione che lui sempre ha preso per dormire, da piccolo, e da ragazzino e da grande; però, ogni notte, al momento che si rannicchia in questo modo, gli sembra di tornare piccolo. E invero, piccoli, cresciuti o grandi, giovani, anziani o vecchi, al buio si è tutti uguali.*
Buona notte, biondino.»

Ancora una volta la vittima è un giovane, appena affacciatosi all'età adulta, le cui speranze ed opportunità sono cancellate dalle scelte di altri. Anche in questo caso, il ritorno alla posizione fetale, all'infanzia, preannuncia il ritorno alla pace, dopo le sofferenze della vita.

Il tedesco Gunther rappresenta l'altra faccia della guerra, quella rappresentata dal nazista prima alleato e poi invasore, espressione di una grande potenza europea considerata superiore all'Italia in termini di uomini e di equipaggiamento, ma che si rivela qui composta da altrettanti giovani sprovveduti, che condividono con i colleghi italiani

---

[231] E. MORANTE, *La Storia*, Einaudi, Torino, 1974, pag 387.

l'inesperienza e l'estraneità al conflitto. Anche Gunther, tedesco che [232]«*sapeva 4 parole in italiano e del mondo sapeva poco o niente*», viene descritto come un giovane dall'aria provocatoria, ma con uno sguardo disperato. La sua apparente figura autoritaria e rozza, costretta in una divisa militare che risulta troppo piccola per la sua stazza, denota un corpo di un giovane cresciuto velocemente nel corso dell'ultimo periodo, la cui faccia richiama tutta la sua giovane età. Come Giovannino, anche Gunther sente la mancanza di casa e della famiglia, alle quali vorrebbe tornare ma, allo stesso tempo, è elettrizzato all'idea di partire per l'Africa, viaggio che affronterà di lì a poco col suo battaglione. Dice di lui l'autrice:

[233]«*Ma anche prima di arrivare, all'uscita dai confini di Germania, lo aveva sorpreso un'orrenda e solitaria malinconia, che denunciava la sua indole non formata piena di contrasti. Un po' difatti, il ragazzo era impaziente di avventura; ma un altro po' rimaneva, a sua stessa insaputa, un mammarolo. Un po' si prometteva di compiere azioni ultraeroiche, da fare onore al suo Führer; e, un altro po', sospettava che la guerra fosse un'algebra sconclusionata, combinata dagli Stati Maggiori, ma che a lui non lo riguardava per niente.*»

La ragione che lo muove allo stupro di Ida è individuata dall'autrice totale mancanza di consapevolezza del ragazzo di fronte alla violenza agita e nella solitudine che lo spinge a trovare la compagnia di una sconosciuta. Allo stesso modo il vino gli serve per mitigare questo senso di solitudine e ridargli un po' di allegria. Il rifiuto di Ida ad avere rapporti con lui viene vissuto come un affronto compiuto dalla donna all'"amico alleato" e genera in lui ancor più accanimento. Ma in realtà ciò che più anima il giovane ormai ubriaco è l'invidia per coloro che sono ancora troppo giovani per combattere.

[234]«*Mannaggia, la for-tu-na e di quelli che non han-no ancora l'età di le-va -e e possono godersi a casa le loro pro-pro-prietà con-con le madri! E il pal-lone!e scopare e tut-to quanto- tutto quanto! Come se la guerra fosse nella lu-na o nel mondo Mar-te...La di-sgrazia è crescere! la disgrazia è cresce-re!...Ma dove sto? Pper-ché sto qua, io?! Come mi*

---

[232]   E. MORANTE, *La Storia*, Einaudi, Torino, 1974, pag 13.
[233]   E. MORANTE, *La Storia*, Einaudi, Torino, 1974, pag 17.
[234]   E. MORANTE, *La Storia*, Einaudi, Torino, 1974, pag 67.

ci son trovato?...».

Dopo la violenza, Gunther è sopraffatto dal sonno e l'autrice, attraverso lo sguardo di Ida, sembra interpretare i suoi sogni, che rimandano alla sua infanzia e ai suoi giochi. Al risveglio, nonostante la violenza, Gunther cercherà di allacciare un dialogo con Ida nella speranza, ingenua, di poter rimanere in buoni rapporti con lei.

Davide è un altro giovane personaggio, che, al di là delle numerose letture critiche che hanno fatto di lui il manifesto del pensiero morantiano e dell'incarnazione della figura di Simone Weil nel romanzo, riveste il ruolo della duplice vittima. Duplice perché in quanto ebreo ha subito le peggiori persecuzioni che lo condanneranno a portare su di sé conseguenze fisiche e psicologiche che lo spingeranno verso la droga e la morte per overdose, ma anche perché come anarchico convinto sperimenterà lo straniamento della vita operaia, ed il fallimento delle sue convinzioni ed ideali.

Nemmeno l'affetto della prostituta Santina riuscirà a salvarlo da una fine tragica e solitaria.

Davide celerà a tutti, fino a quasi metà romanzo, le sue origini ebraiche e la sua avvenuta prigionia e successiva fuga. Ventunenne arrivato dal Nord Italia, nasconderà agli abitanti dello stanzone di Pietralata la sua vera identità, sotto il nome di Carlo Vivaldi, e mostrerà da subito una psiche provata e sofferente, senza mai però lasciar trasparire la verità sulla sua condizione.

Farà amicizia con Nino, al quale racconterà, senza dire tutta la verità, l'esperienza della sua prigionia e al quale dichiarerà di essere fortemente contrario alla violenza, spiegando le motivazioni alla base del suo essere anarchico. Davide si arruolerà con Nino nella Resistenza e, dopo essere tornato per qualche tempo al Nord, rientrerà a Roma alla fine della guerra, dopo aver saputo di aver perso tutta la famiglia ad Auschwitz-Birkenau.

È in queste pagine che sapremo delle origini ebraiche di Davide e del suo rifiuto della vita borghese di famiglia in nome di una volontà politica che lo vuole vicino alle classi meno abbienti. È così che Davide sceglierà di sperimentare la vita da operaio, per potersi avvicinare, come riportato nel testo,

[235]*«a quella parte dell'umanità che, nella società industriale*

---

[235] E. MORANTE, *La Storia*, Einaudi, Torino, 1974, pag 411.

odierna, nasce già soggetta per destino al potere e alla violenza organizzata: ossia, della classe operaia!»

Sarà un sacrificio vano: Davide non si sentirà mai parte della classe operaia e le condizioni stranianti della fabbrica lo faranno desistere dalle sue intenzioni. Il suo ritorno a Roma sarà una sorta di *via crucis*, al termine della quale, annientato dai ricordi e dai traumi subiti, si lascerà morire attraverso l'eroina, diventando l'ennesima giovane vittima della guerra, incapace di sopravvivere ai suoi traumi.

4.5 – Scimo'

Altro personaggio interessante è sicuramente Scimò (all'anagrafe Pietro Scimò), un ragazzino incontrato da Useppe alla radura.

Scimò, già dalla prima apparizione, viene accostato ad un animaletto minuto: magrolino, con un viso pronunciato, capelli rasati, vestito con una specie di sacco a cui sono state ricavati due buchi come maniche. Il ragazzo dimostra, secondo l'autrice, 8 o 9 anni, pur avendone 12. Proviene da un paesino della Calabria ed è scappato dal riformatorio sottraendosi alla sorveglianza di un operatore durante una passeggiata. La modalità con cui il ragazzo racconta della sua fuga e della sua latitanza lo fanno apparire agli occhi di Useppe come un latitante di grande fama, avvezzo a vivere nascosto e capace di sopravvivere alle avversità. In uno dei loro incontri Scimò racconterà dei lividi presenti sul suo corpo, segni dei maltrattamenti subiti sia in famiglia che al riformatorio, ma anche delle crisi che lo colpiscono e che lo spingono a farsi del male volontariamente.

Con riferimento a questa condizione tipica di parte dei bambini e degli adolescenti del periodo, Bernini[236] riporta le preoccupazioni portate avanti da alcuni studiosi del dopoguerra (vd Winnicott e Britton) relativamente al pericolo che bambini e giovani, orfani di guerra o senza il supporto familiare avrebbero potuto essere facile bersaglio per la delinquenza e di quanto la politica in quegli anni si rivelasse assente.

Anche Shields e Bryan sottolineano come:

[237]*«Bande di bambini "selvaggi" vagavano per le campagne,*

---

[236]   S.BERNINI, *Enfants de la guerre. Victimes, menaces et promesses d'avenir*, Revue des sciences sociales, Université de Stasbourg, n. 64/2020.

[237]   L. SHIELDS & B. BRYAN, *The effect of war on children: The children of Europe*

vivevano in foreste, grotte e villaggi deserti, e in città dormivano ovunque trovassero riparo. La maggior parte erano orfani o abbandonati e avevano vissuto vite di terrore e privazione. Questi bambini sono stati brutalizzati a rubare, uccidere e vendere i loro corpi per cibo, vestiario, riparo e protezione (Mcardle 1951). Non si sa cosa sia successo loro, come molti sono sopravvissuti, dove sono adesso o che tipo di adulti siano diventati. Molti bambini, anche quelli con famiglia, si sono trovati coinvolti in a vita criminale per sopravvivere (Wommelsdorf 1948).»

Questo accenno alle condizioni dei bambini e dei ragazzi rinchiusi nei riformatori, che richiama come già detto l'esperienza autobiografica del padre di Elsa Morante, è ripreso anche in relazione alla storia di un altro personaggio minore, lo sfruttatore Nello D'Angeli, che sarà autore di un omicidio passionale nei confronti della prostituta Santina. Nel raccontare l'episodio, infatti, l'autrice fa un *excursus* sulla vita dell'uomo, quasi a giustificare il gesto compiuto.

La descrizione si sofferma principalmente sui gravi maltrattamenti subiti durante l'infanzia e l'adolescenza (Nello rimase in istituto sino ai vent'anni), sul tentativo (fallito) del giovane di riallacciare i rapporti con la madre naturale (prostituta anch'essa) e sul destino da delinquente e sfruttatore al quale Nello finirà per adattarsi.

In questo quadro emerge l'episodio in cui il giovane Nello entra in possesso di un cagnetto randagio, che salva da morte certa e che rimette in vita grazie alle sue cure, affezionandosene profondamente. Quando però il cane viene catturato dalle forze municipali perché non registrato come suo, Nello sviluppa un'ossessione per gli altri animali randagi, che decide di torturare ed uccidere.

L'incontro con Santina svilupperà in lui una sorta di rapporto malato nel quale alternerà, come nel più tipico esempio di relazione violenta, eccessi di attenzioni ad atti di violenza fisica e psicologica.

Ma ciò che l'autrice sottolinea è il rapporto di Nello con la libertà:

[238]*«Lui non era mai stato libero. Prima gli istituti, e poi la breve sosta da sua madre con quei lavori forzati di tutti i giorni, e infine quell'andirivieni con Regina Coeli. Come già da piccolo all'ospizio*

---

after World War II, International Council of Nurses, International Nursing Review. n. 49/2002, pag. 92.

[238] E. MORANTE, *La Storia*, Einaudi, Torino, 1974, pag 430-431.

delle suore, anche dopo, non sempre i reati, che gli si imputavano, erano reati suoi...[...]e a questo modo, anche quando circolava, si sentiva uguale a un topo di chiavica, che appena si mostra sulla strada si aspetta d'essere cacciato dal primo che lo vede. La libertà provvisoria è peggio di tutto. E lui senza starci più a pensare, andò dritto a denunciarsi. Col suo delitto di omicidio, avendo adesso trentadue anni, era certo di farsi vecchio dentro la galera. La sola casa sua, era questa.»

La costituzione di Nello per l'omicidio di Santina sembra essere l'ultimo, quasi scontato tassello di una vita di privazioni e sofferenze, morali e materiali. Il bambino rifiutato alla nascita, non accudito, privato di qualunque legame affettivo è diventato un ragazzo violento, ai margini. E anche quando sentirà di provare una sorta di affetto per la donna, non riuscirà a trasformare questa emozione in qualcosa di positivo ma, figlio della sua storia e del suo passato, cederà alla violenza.

Morante spiega così questo passaggio:

[239]*«L'umanità, per propria natura, tende a darsi una spiegazione del mondo, nel quale è nata. Ogni individuo, pure il meno intelligente e l'infimo dei paria, fino da bambino si dà una qualche spiegazione del mondo. E in quella si adatta a vivere. E senza di quella, cadrebbe nella pazzia. Prima d'incontrare Santina, Nello D'Angeli s'era dato la sua propria spiegazione: il mondo è un ambiente, dove tutti sono nemici di Nello D'Angeli. La sola riscossa di lui contro di loro, la sua normalità per adattarsi, è l'odio. Adesso l'esistenza di Santina è un frammento di materiale estraneo, che gli stravolge il mondo e fa girare in folle la sua mente ottusa.»*

È la sua incapacità e la sua estraneità all'amore e alla vicinanza affettiva, che non ha mai conosciuto, a metterlo in crisi e a fargli perdere la ragione. L'unico codice da lui conosciuto è quello della violenza e a quello Nello ritorna, perché è l'unico in grado di riconoscere e comprendere.

4.6 – Patrizia

---

[239] E. MORANTE, *La Storia*, Einaudi, Torino, 1974, pag 429.

Infine, solo un breve accenno a Patrizia, ultima fidanzata di Nino, che si trova presto a fare i conti con l'assenza del compagno e la nascita della loro bambina. Quasi alla fine del romanzo, troviamo Patrizia mentre sta aspettando l'autobus e da lontano riconosce Useppe, che aveva conosciuto l'anno prima in occasione di una gita con Useppe e Nino sui colli intorno a Roma. In quell'occasione descritta come molto bella e molto presa da Nino, di lei l'autrice aveva colto la sua gelosia nei confronti del rapporto tra Nino e Useppe. È a lei che Nino racconterà della storia di Useppe e del mistero legato alla sua nascita.

Nel 1947, dopo la morte di Nino ed all'epoca dell'incontro alla fermata dell'autobus con Useppe, la ritroviamo con una bimba in braccio, ingrassata e affaticata, trascurata nel vestire (diversamente da come era apparsa a Useppe al loro primo incontro), sfiorita e con un braccialetto di rame come unico vezzo, che, suonando, attira l'attenzione della piccolina.

La bambina, chiamata Ninuccia dalla madre, viene dapprima presentata con gioia a Useppe, ma poi Patrizia scoppia a piangere nel ricordare la morte di Nino.

L'ultima scena in cui la vediamo ritrae la ragazza sull'autobus, con in braccio la bambina, mentre si allontana dalla vista di Useppe:

[240]*«L'ultima vista che si ebbe di quelle loro parenti, fu l'immenso ciuffo nerolucente di Patrizia; e, di sotto al volto chinato di questa, il boccolo civettuolo di Ninuccia, nel mezzo della sua liscia capoccetta bruna.»*

L'immagine richiama una scena simile vista poco dopo la nascita di Useppe, al momento del rientro di Ida in tram alla casa di S. Lorenzo, dopo aver partorito. La somiglianza tra il ciuffetto ribelle di Ninuccia, quello di Useppe appena nato e i riccetti di Nino sembrano richiamare il legame di sangue tra i tre e sancire una sorta di passaggio del testimone tra colui che non c'è più (Nino), colui che si appresta a lasciare la vita (Useppe) e colei che avrà il compito di portare avanti la discendenza (Ninuccia).

[240]E. MORANTE, *La Storia*, Einaudi, Torino, 1974, pag 546.

Questa breve carrellata conclude l'analisi dei personaggi minori che, insieme ai protagonisti de "*La Storia*", contribuisce a tracciare (a mio parere in maniera esaustiva) la mappa delle modalità con cui la II guerra mondiale fu in grado di condizionare le storie personali e l'essenza dell'infanzia e dell'adolescenza dell'epoca. Nell'ultimo capitolo di questo lavoro proveremo a ricondurre gli spunti e le sollecitazioni emersi nei vari passaggi per arrivare alle conclusioni.

Capitolo quinto

Conclusioni

Le condizioni che, durante la Seconda guerra mondiale, hanno riguardato bambini e adolescenti, vittime, attori e testimoni di quanto accadeva intorno a loro, hanno evidenziato quelle caratteristiche di contesto che è possibile ritrovare in larga parte anche ne *La Storia* di Elsa Morante.

Le esperienze di madri e bambini accolti presso centri di ospitalità e rifugi, i bambini allontanati dalle famiglie per trovare riparo lontano dalla guerra (soprattutto nei dintorni di Londra), gli studi attraverso i quali è stato possibile osservare le conseguenze dei traumi subiti, sono alcuni degli aspetti rilevati dai psicologi e saggisti del dopoguerra e dei decenni successivi, che emergono anche attraverso racconti e testimonianze dell'epoca.

Le conseguenze sulle giovani generazioni furono dovute non solo a traumi direttamente vissuti (esito di abbandoni, lutti o "mancanze" di figure affettivamente rappresentative -i padri prima di tutti), ma anche trasmessi dagli adulti di riferimento ai bambini (soprattutto dalle madri ai propri figli).

Il contesto italiano, ha ben raccolto il ruolo dei bambini e degli adolescenti nella propaganda di guerra, le privazioni materiali ed educative alle quali furono sottoposti, lo sfruttamento dei minori in guerra, il fenomeno degli stupri (ai quali i bambini assistettero o dai quali nacquero), ma anche le nascite frutto di relazioni amorose tra soldati e donne italiane, episodi spesso taciuti o rimossi per vergogna.

L'inquadramento storico-biografico di Elsa Morante e della sua produzione ha consentito di esplorare la genesi della sua passione letteraria, le tematiche a lei care, le letture e gli incontri che ne influenzarono la scrittura, i traumi e le perdite, i segreti e le storie che l'hanno accompagnata anche all'interno de *La Storia*. Molto della storia personale dell'autrice ha fornito infatti spunti e temi fondamentali per il libro (le sue origini ebraiche, la perfetta conoscenza di Roma e dei suoi quartieri, l'amore per i bambini e i ragazzi per i quali aveva scritto novelle e poesie, ecc.).

Altrettanto fondamentale è stato per l'opera di Elsa Morante non solo il rapporto sentimentale ed artistico con Alberto Moravia, ma la frequentazione di ambienti della Roma letteraria del dopoguerra, la curiosità e la vicinanza con autori come Pasolini e Weil (che ne influenzarono la scrittura ed il linguaggio), il fermento politico degli anni '60, la tenacia nel portare avanti le proprie posizioni politiche e morali, ma allo stesso tempo la fragilità dovuta alla sua storia, alle esperienze anche traumatiche che la colpirono (su tutte l'aborto e la morte dell'amico Murray), che ritroviamo ne *La Storia*, a volte con rimandi evidenti, altre volte attraverso i vissuti e le angosce irrisolte dei suoi personaggi.

E' stato così possibile analizzare il grande tema della maternità "mancata" per Morante: un'esperienza non vissuta direttamente (e forse proprio per questo?) esaltata e glorificata come atto d'amore puro e al contempo carnale, fonte di intenso connubio umano tra madre e figli, ma anche fallito tentativo di preservare le proprie creature da un destino segnato e crudele.

A causa di questo destino i *Felici pochi* (ovvero coloro che, come i bambini e i ragazzi non ancora cresciuti, portatori di quella verità e purezza d'animo concessa solo a questa primavera della vita, sono destinati a soccombere) sono avviati a diventare vittime della Storia e dell'assurdità di una società basata sul controllo e sul potere esercitato dagli *Infelici Molti* (coloro che, abbandonata per sempre l''età della purezza d'animo, si adattano a sopravvivere in un mondo guidato dagli interessi economici).

Fatte queste dovute premesse, è stato possibile avvicinarci al cuore di questo lavoro di ricerca con un quadro di contesto specifico, nel quale si inserisce Useppe, bambino gracile e fragile, definito da coloro che governeranno la storia un *"prodotto di guerra"*, esempio letterario di quell'infanzia descritta nei capitoli precedenti, attraversi il romanzo con tutta la sua potenza narrativa e la sua fragilità di creatura chiamata a crescere in un contesto di guerra.

Bambino apparentemente fornito di facoltà straordinarie e di un'anima immune alle bruttezze della vita, uscito indenne da un bombardamento e capace di superare con la gioia dei suoi anni le numerose mancanze del suo tempo, affettuoso e curioso del mondo che lo circonda, Useppe rivela però con lo scorrere del libro fragilità profonde. Si tratta di ferite figlie del contesto in cui si ritrova a crescere, delle privazioni materiali ed educative che la guerra riservò ai bambini, ma anche causate da una patologia ereditata probabilmente dalla madre Ida e acuita ancor più dalle cure sanitarie inesistenti e dal vuoto intorno a lui.

Un vuoto fatto di sicurezze negate (la casa, la quotidianità, il gioco con i propri pari, la sicurezza degli affetti più profondi), di contesti a lui preclusi (la scuola innanzi tutto ma anche le cure mediche, una sana alimentazione, cibo e vestiario adeguati). La stessa madre Ida, adulta mai cresciuta, figlia di genitori che non hanno costituito per lei una *base sicura* da cui partire per esplorare il mondo, appare vittima di paure ancestrali mai risolte, che ne fanno una donna angosciata e fragile, insicura, debole di fronte alle avversità, incapace di tenere testa al proprio figlio adolescente, agli altri adulti, al mondo esterno.

Solo grazie ad un fortissimo e incrollabile istinto materno, Ida riuscirà a sopravvivere a quegli anni di terrore e paura (acuita ancor più dal suo essere ebrea in un paese ostile che le relega i margini), lottando come una tigre per difendere i suoi *cuccioli* che, uno dopo l'altro, le saranno tolti da due morti violente e predestinate che la spingeranno, spogliata di ogni motivazione verso la vita, alla follia.

In un tutto questo percorso abbiamo quindi visto come Useppe, *pischelletto e fanciullo divino* (bambino ancora piccolo ma dotato di grandi capacità), attraversi le tappe del suo sviluppo traendo esperienza da tutti gli eventi e le conoscenze che lo colgono nei suoi primi e unici sei anni di vita.

Precoce per alcuni aspetti, empatico e attento al mondo che lo circonda, Useppe cresce anche grazie ad un profondo rapporto di vicinanza con la cagna Bella ed in generale con la natura. Il rifugio di Pietralata prima, la campagna intorno a Roma poi, sono infatti per lui i luoghi della formazione e delle prime interazioni sociali.

In questo percorso di crescita accidentato e volubile solo Ida costituisce il suo unico punto fermo: il fratello Nino, così affascinante e importante dal punto di vista affettivo, unico elemento maschile del nucleo, non è mai per lui una figura stabile e presente, ma attraversa la sua vita come una splendida meteora, una stella del cinema sempre di passaggio, un amico con cui condividere unicamente avventure e giochi.

In realtà nessuna figura maschile del testo vestirà quel ruolo di autorevolezza e riferimento all'interno dei contesti familiari: mancano del tutto, infatti, nel romanzo i padri, ma anche i mariti e i compagni sui quali fare affidamento, con i quali condividere povertà e paure.

Se da un lato il piano letterario rende Useppe un bambino "speciale" dotato di facoltà quasi metafisiche, il percorso più realistico ne fa un esponente tipico della sua generazione. Bambino sopravvissuto come altri, grazie alla propria resilienza e spirito di sopravvivenza, a condizioni fisiche e psicologiche estreme.

I bambini che Useppe incarna sono cresciuti legati a madri imperfette, provate dagli eventi, spesso incapaci di allinearsi sui loro bisogni perché impegnate a sopravvivere e a farli sopravvivere. Madri molte volte sole, isolate, portatrici di storie drammatiche, vittime di violenza o abbandonate da tutti.

Ciò che la guerra e i traumi in generale hanno lasciato a questi bambini è stata sicuramente una generale privazione che ha generato spesso patologie, fisiche e/o mentali, alcune superabili, altre no. Sicuramente nessuno dei bambini di quel tempo è cresciuto indenne e ci sono voluti anni, decenni per recuperare, laddove possibile, esperienze e fasi della crescita fondamentali, che la guerra ha impedito.

Eppure, anche in questi contesti di mancanze, il ruolo materno si è rivelato fondamentale, seppur esercitato in situazioni critiche, per garantire quel necessario processo di attaccamento che ha consentito ai bambini di crescere, con la certezza di avere qualcuno a cui tornare.

Ma è stato possibile per questi bambini fare ritorno alle loro vite dopo la guerra?

Maida così analizza nel suo saggio le conseguenze a cui i bambini andarono incontro dopo la guerra:

[241]*«Osservarono l'orrore che li circondava con occhioni sbarrati e pieni di terrore. Videro cose che lasciarono segni indelebili e dolorosi nelle loro menti. Le esperienze scioccanti vissute durante la guerra e durante l'occupazione nemica entrarono in profondità nelle loro coscienze e invasero la loro immaginazione.»*

[241] B. Maida, *L'infanzia nelle guerre del Novecento*, Einaudi, Torino, 2017, pag 284.

Dice ancora la Bernini:

[242]*«Durante tutta la guerra, i bambini avevano lavorato, combattuto e imparato a sopravvivere in circostanze straordinarie, spesso senza l'aiuto degli adulti o, peggio ancora, di fronte alla presenza minacciosa degli adulti. Avevano vissuto in un'inquietante vicinanza alla violenza e alla morte, avevano aiutato le famiglie a sopravvivere e a volte avevano contribuito alla loro rovina. In infiniti modi diversi, i bambini erano usciti dal loro ruolo prescritto di destinatari delle cure degli adulti e di incarnazione dell'impotenza. Soprattutto, i bambini si erano dimostrati in grado di agire in modo indipendente e di prendere decisioni, sia di resistere alla violenza che di commetterla. Avevano infranto la regola secondo la quale "il mantenimento dell'innocenza richiede [d] l'assenza di conoscenza morale, danno e desiderio" (Faulkner 2011: 8).»*

E allora, sempre secondo Maida, tornare alla pace fu un processo lungo, nel quale l'unico orizzonte conoscitivo e simbolico dei bambini (nati durante il conflitto o poco prima) era quello della guerra. I loro giochi, pensieri e discorsi ne furono condizionati per anni, così come le condizioni di miseria e povertà, le malattie da denutrizione e scarsa igiene che ancora per molto tempo furono la prima causa di morte nell'infanzia.

La guerra lasciò molte macerie, non solo fisiche e materiali, ma anche morali ed affettive. Lo compresero bene le organizzazioni che si trovarono ad assistere orfani profughi, famiglie intere che avevano perso tutto e che non avevano nulla da cui ripartire. Qui gli effetti dei traumi lasciati dalla guerra divennero materia di studi approfonditi da cui partire per ridare all'infanzia il proprio posto nel mondo e la propria dignità, per trovare cure alle ferite fisiche e dell'anima, sperimentando nuovi approcci e servizi, cercando quegli elementi in grado di agire come leve per il ritorno alla normalità (la scuola, i pari, la famiglia).

Solo l'insieme di questi attori (genitori, compagni, comunità) ha costituito, come sostenuto da Maida[243], la «*risposta complessa e articolata agli effetti del prolungato stress cui i bambini sono stati sottoposti dalla guerra, vissuta o combattuta*».

---

[242] S.Bernini, *Enfants de la guerre. Victimes, menaces et promesses d'avenir,* Revue des sciences sociales, Université de Stasbourg, n. 64/2020.

[243] B. Maida, *L'infanzia nelle guerre del Novecento*, Einaudi, Torino, 2017, pag 302-303.

Nel caso di Useppe si ha la netta percezione che queste "macerie" lo abbiamo in qualche modo condotto alla morte, non avendo esso trovato nel contesto di riferimento (familiare, scolastico, sanitario e sociale) le "leve" necessarie al superamento della crisi.

Eppure, nel finale tragico del romanzo, anche l'epilogo di questa morte non sembra cancellare quella speranza e quella gioia, che seppur per pochi anni, ha guidato l'infanzia di Useppe e che viene sintetizzata dalla frase in chiusura di romanzo, attribuita ad Antonio Gramsci.

Così riporta Giuliana Zagra relativamente alla speranza:

[244]*«Ciò che in Morante forse si va chiarendo e che possiamo considerare l'altra grande suggestione ricavata dalle letture della Weil, è che il tema centrale del romanzo dovrà essere soprattutto ciò che della guerra non è annichilimento, quei frammenti di umanità che resistono e sopravvivono: le piccole storie degli umili, quegli impercettibili gesti d'amore che, come nell'Iliade, resistono e filtrano dalle pause tra un combattimento e l'altro, costituendo le pagine più alte di poesia del poema. Anche nel più cupo scenario di guerra, dove la forza appare come l'unico eroe, sopravvivono rari momenti di grazia, di resistenza umana. La guerra che vuole raccontare la Morante è soprattutto quella degli innumerevoli, piccoli, atti quotidiani di coraggio e di amore che illuminano la vita degli uomini sottraendoli per brevi istanti, alla pietrificazione, come direbbe la Weil, e alla brutalità della forza. È la realtà filtrata dallo sguardo puro di Useppe che riesce a vedere poesia e bellezza in ogni singolo frammento della realtà che lo circonda. Ed è forse proprio questo il nocciolo della questione, la contraddizione che ha fatto sì che il romanzo restasse sospeso per anni: sfuggire alla «cupa monotonia della guerra» pur non rinunciando a raccontare la guerra.»*

Andando oltre l'esperienza di Useppe, è stato possibile dimostrare come le conseguenze della guerra siano state diverse e parimenti tragiche anche su altri bambini e adolescenti descritti del romanzo e rappresentativi della loro epoca,

Anche per loro la guerra è stata fonte di mancanze importanti e foriera di destini infelici: Carolina, fragile ragazzina con evidenti problemi cognitivi, vittima di abusi all'interno del contesto familiare, ha

---

[244] G. Zagra, *La Storia "come un Iliade dei giorni nostri"*, in AA.VV. *Elsa Morante: Mito e letteratura*, a cura di Lucia dell'Aia, Ledizioni, Milano, 2021, pag 107-108.

finito per diventare prostituta nelle strade di Napoli; Gunther e Giovannino sono morti combattendo in una guerra che in fondo non hanno voluto; Mariolina è stata uccisa dai nazisti perché vicina ai partigiani; Scimò, abbandonato da tutti, è finito rinchiuso in riformatorio; infine Patrizia, che ha perso il fidanzato Nino quando era già incinta, si è trovata improvvisamente adulta e madre sola.

Ma come si è posto il mondo degli adulti di fronte ai bambini in guerra? È cambiato qualcosa dopo la fine del conflitto? Sono stati fatti passi avanti?

Purtroppo pare di no. Le mancanze della II guerra mondiale si ritrovano attuali anche in rapporto ai conflitti moderni e contemporanei che hanno toccato il mondo dalla metà del '900, Anche la normativa, approvata all'indomani del 1945, non ha apportato significativi mutamenti né alla prevenzione né alla tutela dell'infanzia. Infatti, pur riscontrando come molte leggi siano state approvate da allora, molto si è promesso in termini di protezione dell'infanzia, ma poco si è garantito nella realtà.

L'esempio dei bambini/ragazzi soldato, delle vittime di sfruttamento sessuale e degli stupri di guerra, i casi di malnutrizione ai danni dell'infanzia, le carenze sanitarie ai danni dei civili, erano presenti allora come lo sono oggi. La privazione dei diritti fondamentali dell'infanzia a crescere in un contesto tutelante e protetto si ritrova nelle pagine de *La Storia* così come nelle cronache di guerra dei giorni nostri, con la stessa efferata violazione di qualunque trattato o dichiarazione sottoscritta e approvata negli anni dagli stessi paesi che poi si ritrovano a violarne i contenuti.

Anche quella parte del mondo che assiste da spettatore agli attuali scenari di guerra sembra da una parte scandalizzarsi e commuoversi per le scene che arrivano dalle zone dei conflitti e che raccontano e visualizzano (con immagini, filmati e testimonianze dirette) la tragedia dei bambini, dall'altra pare non riuscire a sopportare il peso, morale e psicologico, di qualcosa che a tratti si tende a rimuovere, forse per l'innato senso di colpa, forse per l'impotenza e la vergogna che esso suscita.

È come se la storia poco abbia insegnato all'uomo, perché gli errori del passato continuano ad essere riperpetrati, consapevolmente.

Per questo sembra molto attuale il sottotitolo che Morante ha dato al suo romanzo *"uno scandalo che dura da diecimila anni"*, che condanna il passato ma ne prevede tragicamente la continuazione nel futuro.

In conclusione, ritengo che Elsa Morante sia riuscita a realizzare un testo tragico, crudo, ma di spettacolare bellezza, fotografando le vicende di un bambino per raccontarne altri. La storia di Useppe, così realistica ed ancorata alla sua epoca storica, ricalca infatti a mio parere quella di milioni di bambini, di oggi e di ieri, che si sono trovati coinvolti a vivere le conseguenze di scelte compiute da altri, che li hanno feriti, violati, uccisi, sicuramente resi più fragili e vulnerabili.

Di fronte alla loro tragedia, gli adulti, oggi come allora, non hanno visto o non hanno voluto vedere. Elsa Morante invece li ha visti, ascoltati e raccontati, senza pudori e senza omissioni, rischiando di venire accusata di scrivere un libro "facile alle lacrime" o di lucrare sulla sofferenza. Se ne è assunta il rischio e non lo ha mai rinnegato, narrando fatti che, anche dietro il velo della finzione romanzesca, appaiono verosimili, bruschi, scomodi. Ha tolto all'infanzia quel velo (anche letterario) di evento felice, bucolico, inattaccabilmente poetico e l'ha calata nella contemporaneità dei conflitti e delle mancanze, di cui gli adulti sono gli unici colpevoli.

La Morante lo ha fatto dall'alto della sua padronanza del linguaggio, della capacità di scrivere, documentare e mostrare con le immagini la realtà che andava raccontando.

Ecco perché, in conclusione, voglio riportare qui il commento che lo storico della fotografia Giuseppe Carrera rilasciò qualche anno fa commentando la scelta che Morante fece nel 1974 nell'uso delle immagini come veicolo del messaggio del suo romanzo. Analizzando la decisione dell'autrice di servirsi allora di fotografie provenienti dagli scenari di guerra per comporre la copertina del suo libro, Carrera disse:

[245]*«Nel 1974, per il romanzo* La Storia, *Elsa Morante vuole un'immagine durissima, e cioè una fotografia di Robert Capa, con delle macerie e un bambino morto sopra le macerie e la frase "uno scandalo che dura da diecimila anni".[...] Il libro venderà tantissimo, anche se il prezzo è la metà di quello che ci si aspettava, ma, appena fu possibile l'Einaudi cominciò a correggere, modificare, censurare l'impostazione del paratesto e della copertina di Elsa Morante: prima*

[245] G. CARRERA, Contributo audio tratto da: *In cerca di Elsa Morante. Storia di una scrittrice*, in *La grande Storia*, stagione 2021/2022. Rai cultura, fonte: https://www.raiplay.it/video/2022/08/La-Grande-Storia---Anniversari---In-cerca-di-Elsa-Morante-Storia-di-una-scrittrice---18082022-cf88661c-3da6-46e1-b29a-795afbc3f3d4.html

di tutto facendo scomparire la frase "uno scandalo che dura da diecimila anni", tanto che nel cartonato lussuoso e caro viene spostata al retro del libro, per cui per lo meno non siamo traumatizzati da questo. Ma una delle cose più grottesche e comiche è che oggi, oggi i lettori che comprano la storia di Elsa Morante nelle nuove edizioni si trovano si trovano le macerie con il bimbo resuscitato e cioè con il bimbo vivo, perché, ovviamente, non si può immaginare che nelle guerre muoiano i bambini.»

Bibliografia

AA.VV., Elsa Morante : Mito e letteratura, a cura di Lucia dell'Aia, Ledizioni, Milano, 2021.

BERNABÒ, G., *Come leggere La Storia di Elsa Morante*, Mursia, Milano, 1991.
- *La fiaba estrema*, Carocci Editore-Sfere, Roma, 2013.

BERTI, A.E., BOMBI, A.S., *Corso di psicologia dello sviluppo,* Il Mulino, Bologna, 2013.

BOWLBY, J., *Una base sicura. Applicazioni cliniche della teoria dell'attaccamento*, Raffaella Cortina Editore, Milano, 1989.
- *Attaccamento e perdita*, Bollati Boringhieri, Torino, 1^ ed. 1999- 2^ ed. 1982, vol. 1., vol. 2, vol, 3.

CAPA, R., *Robert Kapa – Images of War,* Grossman Publishers , NYC, 1964.

D'ANGELI, C., *Leggere Elsa Morante*, Carocci Editore, Roma, 2017.

DEDOLA, R., *Elsa Morante. L'incantatrice*, Lindau srl, Torino, 2022, pag 141.

FREUD, A., & BURLINGHAM, D., *War and Children* , Medical War Books , NYC, 1943.

GABRIELLI, P., *Se verrà la guerra chi ci salverà?Lo sguardo dei bambini sulla guerra totale*, Il Mulino Editore, Bologna, 2020.

GARBOLI, C., Introduzione a *La Storia*, Einaudi, Torino, prima edizione 1974, ultima edizione 2014.

GIOANOLA, E., *Psicanalisi e interpretazione letteraria*, Jaca Book, Milano, 2005.

MAIDA, B., *L'infanzia nelle guerre del Novecento,* Einaudi, Torino, 2017.

MORANTE, E., *La Storia*, Einaudi editore, Torino, 1974.

PIAGET, J., INHELDER, B., *La psychologie de l'enfant*, Presses Universitaires de France, Paris, 1966.

PIAGET, J., *La rappresentazione del mondo nel fanciullo*, Bollati Boringhieri editore, Torino, 1995, 1966 e 2013.

PONZANI, M., *Figli del nemico-le relazioni d'amore in tempo di guerra 1943-1948*, Laterza edizioni, Bari,2015.

ROSA, G., *Elsa Morante*, Il Mulino, Milano, 2013.

WINNICOTT, W., *Il bambino deprivato*, Cortina editore, Milano, 1986, pag. 6.

Articoli

BARENGHI, M., *Tutti i nomi di Useppe. Saggio sui personaggi della «Storia» di Elsa Morante*, in *Studi novecenteschi*, n. 2/2001, .

BELPOLITI, M., *"Sei patetica": così scoppiò il caso Elsa Morante*, in *La Repubblica*, Roma, 21/01/2019.

BERNINI, S., *Enfants de la guerre. Victimes, menaces et promesses d'avenir*, in *Revue des sciences sociales*, Université de Stasbourg, n. 64/2020.

CIMATTI, P., *Una strage di «creature»*, in *Il Messaggero*, 22/07/1974.

DE ROGATIS, T. & WEHLING-GIORGI, K., , Il *realismo traumatico e la poetica del trauma nell'opera di Elsa Morante*, in «Allegoria», XXXIII, 2021, 83, pp. 169-183.

DI LELLO, L., *I bambini in Elsa Morante: L'Isola di Arturo e La storia di Useppe*, in *La cooltura* — https://www.lacooltura.com/2018/11/elsa-morante-useppe-la-storia/,

11/11/2018.

MARTINEZ GARRIDO, E., *Il bosco de "La Storia"*, in Cuadernos de Filologia italiana, Universidad Complutense de Madrid , , 2015. https://www.researchgate.net/publication/276112643_Il_bosco_de_La_storia,

LAZZARI, L., *Le relazioni madre-figlia e madre-figlio in due romanzi di Elsa Morante : "La Storia" e "Menzogna e sortilegio", da Rivista svizzera delle letterature romanze,* Zurigo, gennaio 2006, https://www.e-periodica.ch/digbib/view?pid=ver-001:2006:52::250#251.

PORCIANI, E., *Uscire dalla camera dei cliché. La critica su Elsa Morante nel centenario dell'autrice*, in D. Brogi, *Per Elsa Morante,* Le parole e le cose, 25 Novembre 2015 (https://www.leparoleelecose.it/?p=21199).

SHIELDS, L., & BRYAN, L., *The effect of war on children: The children of Europe after World War II*, in *International Council of Nurses, International Nursing Review.* n. 49/2002.

SCHACHERL, B., *Il mito di Useppe e il romanzo popolare*, in *Rinascita*, 23/08/1974, n. 33.

TANI, T., *I legami di attaccamento fra normalita' e patologia: aspetti teorici e d'intervento*, in http://www.ifefromm.it/rivista/2011-xx/1/interventi/francatani.pdf

<u>Documenti ufficiali</u>
Convenzione sui Diritti dell'Infanzia 1948
Déclaration universelle des droits de l'homme, Parigi, 1948.
Indagine conoscitiva sulla tutela dei diritti delle minoranze per il mantenimento della pace e della sicurezza a livello internazionale - XVII Legislatura -III Commissione-Seduta n. 10 di Giovedì 25 febbraio 2016.
Dichiarazione dei diritti del fanciullo (dichiarazione di Ginevra

1924), Lega delle nazioni, Ginevra - marzo 1924 .

Dichiarazione universale dei diritti del fanciullo, NY, ONU, 1958.

Impact des conflits armés sur les enfants - Note du Secrétaire général, ONU A/51/306, 26 août 1996.

Protocollo opzionale sul coinvolgimento dei bambini nei conflitti armati - Legge n. 46 dell'11 marzo 2002, Art. 3 .

Provvedimenti per la difesa della razza italiana (GU n. 264, 19 novembre 1938), REGIO DECRETO LEGGE 17 novembre 1938, n. 1728, convertito senza modifiche L 5 gennaio 1939, n. 274 (GU n. 48, 27 febbraio 1939).

Saggi e contributi (atti congressi e convegni)

In *Elsa Morante a cento anni dalla nascita*, Rassegna stampa disponibile presso Biblioteca Civica e Centro Donna, Venezia, novembre 2012 :
- NERI, L., /BIBLIÒN, *Il sogno della cattedrale*
- ALESSANDRONE PERONA, E., *"La Storia" di Elsa Morante ha vent'anni*
- PETRIGNANI, S., *Madre barbara e carnale*
- *- Elsa Morante: una vita, una storia infinita*
- PROSPERI, A., & MAGRINI, G., *"La Storia" di Elsa Morante*

DIAFANI, L., *I medici di Elsa Morante - Sulla Storia come romanzo della «disintegrazione»*, In *Letteratura e Scienze*, Atti delle sessioni parallele del XXIII Congresso dell'ADI (Associazione degli Italianisti), Pisa, 12-14 settembre 2019, a cura di Alberto Casadei, Francesca Fedi, Annalisa Nacinovich, Andrea Torre, Roma, Adi editore, 2021.

PORCIANI, E., *Uscire dalla camera dei cliché. La critica su Elsa Morante nel centenario dell'autrice*, in D. Brogi, *Per Elsa Morante,* Le parole e le cose, 25 Novembre 2015 (https://www.leparoleelecose.it/? p=21199), pag. 2.

LANFRANCHI, P., *Opposti ebraismi ne La Storia,* in AA.VV., *Elsa Morante: Mito e letteratura*, a cura di Lucia dell'Aia, Ledizioni, Milano, 2021, pag 85.

ROCCELLA, E., *Elsa Morante*, in 150 anni (1861/2011), https://www.150anni.it/webi/stampa.php?wid=2030&stampa=1.

ZAGRA, G., *La Storia "come un'Iliade dei giorni nostri"*, in AA.VV. *Elsa Morante : Mito e letteratura*, a cura di Lucia dell'Aia, Ledizioni, Milano, 2021.

ZANARDO, M., *La biblioteca della Storia attraverso lo studio dei manoscritti: alcuni esempi di utilizzo delle fonti*, in *Le fonti in Elsa Morante,* a cura di Enrico Palandri e Hanna Serkowska, Innesti Crossroads XL, Edizioni Ca' Foscari - Digital Publishing, 2015.

Sitografia

CARRERA, G., *In cerca di Elsa Morante. Storia di una scrittrice*, disponibile in *La grande Storia*, stagione 2021/2022. Rai cultura, contributo audio,disponibile in: https://www.raiplay.it/video/2022/08/La-Grande-Storia---Anniversari---In-cerca-di-Elsa-Morante-Storia-di-una-scrittrice---18082022-cf88661c-3da6-46e1-b29a-795afbc3f3d4.html.

DE LUNA, G., *Il caso delle donne italiane stuprate durante la seconda guerra mondiale al centro di nuove ricerche. La ciociara e le altre,* disponibile in www.cassino2000.com/cdsc/studi/archivio/n06/n06p16.html.

Il numero di morti nella seconda guerra mondiale per nazione, disponibile in: https://statisticsanddata.org/it/data/il-numero-di-morti-nella-seconda-guerra-mondiale-per-nazione/.

Laura Bruson nasce a Monza (MB) nel 1972.

Si laurea una prima volta nel 1996 in Lingue e letterature Straniere Moderne presso l'Università degli Studi di Milano, con una tesi sui racconti moscoviti di Jury Trifonov, seguita dal Prof. Giampiero Piretto.

Lavora nella Pubblica Amministrazione dal 1997 e dal 2001 si occupa di Minori, Educazione ed Istruzione. Dal 2002 riveste il ruolo di Funzionario di Elevata Qualificazione in un Comune di media dimensione del Nord Milano.

Nel 2023 consegue la seconda Laurea in Pedagogia presso l'Università Marconi di Roma, con una tesi dedicata ad Elsa Morante, seguita dalla Prof. ssa Carolina Lunetti.

www.ingramcontent.com/pod-product-compliance
Lightning Source LLC
Chambersburg PA
CBHW051613250726

48653CB00004BA/1488